Paläste und Gärten Roms

Paläste und Gärten Roms

Sophie Bajard / Raffaello Bencini

TERRAIL

Seite 2
Die überwältigenden Wasserspiele der Villa d'Este in Tivoli.

Umschlag
Die Villa Aldobrandini.

Rechts gegenüber
Berückende weiblichen Gestalten von der Hand Sodomas schmücken die Wände des Alexander-und-Roxane-Saales in der Villa Farnesina.

Ins Deutsche übersetzt von Diethard H. Klein
Verlegerische Leitung: Jean-Claude Dubost und Jean-François Gonthier
Grafische Gestaltung: François Coulibeuf
Umschlaggestaltung: Gérard Lo Monaco und Laurent Gudin
Karte: Alexandre Darmon
Satz und Textfilme: Einsatz Goar Engeländer, Paderborn
Farblithos: Litho Service T. Zamboni, Verona

Verlegernummer: 155
ISBN 2-87939-045-1
Printed in Italy

INHALTSVERZEICHNIS

Links gegenüber
Der schwindelerregende Blick in die Tiefe der großen Wendeltreppe des Quirinalspalastes.

Vorwort

Ich durfte das Glück genießen, eine Zeitlang in Rom zu leben und den Herzschlag dieser Stadt am eigenen Leibe zu verspüren, ja eins zu sein damit. In den von Sonne und Lärm erfüllten Straßen der Stadt, die beherrscht werden von den in kräftigen Farben gehaltenen Fassaden der Paläste, reifte in mir der Plan zu diesem Buch. Diese Fassaden, deren gedämpfte Ockertöne im Licht der untergehenden Sonne erglühen, bergen in sich zahlreiche Erinnerungen und sind Hüterinnen einer Vergangenheit, deren Reichtum sich von jenen, die flüchtig daran vorbeieilen, nicht erahnen läßt, zumal sie auf den ersten Blick nicht sonderlich attraktiv wirken. So ohne weiteres lüften die Paläste von Rom ihre Geheimnisse auch nicht, denn ihre stolzen Besitzer lieben es, sich hinter eher schlicht, ja karg wirkende Fassaden zurückzuziehen, die der Aufmerksamkeit oberflächlicher Touristen leicht entgehen. Dabei kann sich hinter jedem dieser schweren Bronzeportale ein Stück des bedeutendsten Erbes der Stadt Rom verbergen, nämlich das Erbe der großen Aristokratenfamilien dieser Stadt, die zurückgehen bis auf die ersten Jahrhunderte des Mittelalters und stolz darauf sein können, bis heute unversehrt ihren Namen, ihre Titel, ihre Besitzungen und ihr Vermögen bewahrt zu haben und bis heute eine entscheidende Rolle in der römischen Gesellschaft zu spielen. Diese großen Familien – die Borghese, Pamphili, Farnese, Medici, Ricci, Ludovisi, Aldobrandini und andere – haben zum Reichtum der Stadt beigetragen, haben sie Stein für Stein erbaut, haben ihr Päpste geschenkt und dafür gesorgt, daß der Sitz des Pästlichen Stuhls ihr erhalten blieb. Ihnen ist es überdies zu verdanken, daß außerhalb der Mauern der Ewigen Stadt, ausgehend von bescheidenen Landsitzen oder von festen Burgen in ihrem Umfeld, im 16., 17. und 18. Jahrhundert eine Fülle großartiger Villen und Landschlösser entstand, in denen sie während der Sommermonate der drückenden Hitze in der Stadt entrinnen konnten und als deren bedeutendste unter anderen die Villa d'Este in Tivoli, der Palazzo Farnese in Caprarola und die Villa Lante in Bagnaia zu nennen sind.

Der Fotograf Raffaello Bencini und ich haben für Sie die schweren Flügel dieser Bronzetüren aufgestoßen und laden Sie ein, uns zu folgen in die Abgeschlossenheit der Anwesen dieser großen Familien des römischen Adels, die noch heute teils Privatbesitz sind, teils Sitz bedeutender Institutionen wie des italienischen Senats, des jeweiligen Präsidenten der Republik Italien, der Französischen Akademie oder der französischen Botschaft bei der Republik Italien oder beim Heiligen Stuhl.

Links
Wie Wächterinnen umstehen diese Karyatiden das Nymphäum in der Villa Giulia.

DIE ENTWICKLUNG DER RÖMISCHEN SOMMERSITZE

Während des gesamten Mittelalters gab es wegen des niedrigen Lebensstandards der Bevölkerung und der häufigen kriegerischen Auseinandersetzungen unter den regionalen Adelsfamilien für die Römer keinen Anlaß, sich außerhalb der Stadt Sommersitze anzulegen. Innerhalb der Stadtmauern herrschte erheblicher Platzmangel, und so mußte man sich meist mit einem Blumentopf auf dem Fensterbrett mit etwas Basilikum oder ein paar Rosen begnügen und mit einem Feigenbaunm oder Weinstock in einer Ecke des Hofes. Einzig die Kreuzgänge der Klöster oder die Höfe der Burgen boten gelegentlich Raum für ein kleines abgeschlossenes Gärtchen.

Erst zu Beginn des 14. Jahrhunderts finden sich in der Umgebung Roms erste Landhäuser. Mit dem Ende des Exils der Päpste in Avignon und ihrer endgültigen Niederlassung in Rom verringern sich die internen Kämpfe in der Stadt. Die Wohlhabendsten unter den Römern wenden sich allmählich, getrieben von der Sehnsucht nach Frieden und Ruhe, den Ideen eines stärker vom Einklang mit der Natur bestimmten Lebens zu, das nun in Balladen und Ritornellen gepriesen wird. Aufgrund der Beschreibung, die uns Boccaccio im dritten Buch seines *Decamerone* liefert, können wir uns ein Bild davon machen, wie ein herrschaftlicher Garten im 14. Jahrhundert aussah. Er war nach Möglichkeit auf ebenem Terrain angelegt und umschlossen von hohen Mauern, die man hinter Laubengängen oder Obstbaumspalieren verbarg. Er war in regelmäßige Flächen eingeteilt durch Alleen, die von Pergolen beschattet und von Hecken gesäumt waren, und in seiner Mitte lag, eingerahmt von Reihen von Orangen- und Zitronenbäumen, Palmen oder Granatapfelbäumen, eine Rasenfläche mit einem Brunnen, um den steinerne Ruhebänke angeordnet waren. In einer Ecke war ein Blumenparterre angelegt mit Rosen, Veilchen, Lilien und Iris oder auch Raritäten aus den fernen Ländern des Orients: Flieder, Jasmin, Hyazinthen. Etwas abseits lag der Obstgarten und das *Viridarium*, das mit immergrünen Gehölzen wie Pinien, Zypressen, Oliven- und Lorbeerbäumen bestückt war.

Die *Vigna*, wörtlich ein Weingarten oder Weingut, bald aber allgemein als der Erholung dienender kleiner Landsitz verstanden, darf als Vorläufer der späteren prächtigen Landvillen betrachtet werden. Im 15. Jahrhundert legte man selbst in einfacheren Kreisen Wert auf den Besitz eines solchen ummauerten Anwesens mit einem kleinen *Casino*, einem Garten und möglichst ein paar Rebstöcken, sei es nun auf einem weniger bevölkerten der Sieben Hügel innerhalb der von

Oben und gegenüber
Diese Holzschnitte zum *Traum des Polyphilus* zeigen uns das Idealbild eines Gartens des 15. Jahrhunderts mit einer Pergola, Zitrusbäumen an Spalieren und einem Brunnen.

der Aurelianischen Mauer umschlossenen Stadt oder noch lieber außerhalb der Mauern längs der nach Rom führenden Hauptstraßen. Reste solcher *Vignas* findet man noch heute, hauptsächlich hinter dem Vatikan an den Hängen des Monte Mario.

Zumindest zweimal im Jahr, nämlich gegen Ende des Frühlings und besonders zur Erntezeit im September und Oktober, verließen die Römer ihre Stadtpaläste und begaben sich auf ihre Landsitze. Die Stadt war in diesen Zeiten so entvölkert, daß ein Dekret Gerichtsferien für die heißesten Monate im Sommer und Frühherbst verkündete.

Zwar sind einige dieser Sommersitze groß und weisen an jeder Ecke einen Turm auf, meist aber handelt es sich um zweistöckige, rechteckige Gebäude mit einem Mittelturm, der zugleich eine Art von Aussichtsturm und ein Taubenhaus ist. Der Grundriß der Anlage ist oft nicht sonderlich regelmäßig, aber es ist stets ein Innenhof vorhanden, der auf drei Seiten umbaut, auf der vierten aber aus Sicherheitsgründen von einer hohen, befestigten Mauer abgeschlossen ist, in der sich das Eingangstor befindet. Ein Architekturelement, das sich grundsätzlich wiederfindet, ist jedoch der auf einen kleinen Garten gehende Portikus im Erdgeschoß; seine Stützen haben gewöhnlich eine achteckige Grundfläche und sind entweder aus Backstein oder Peperin, jener in der Umgebung Roms reichlich vorhandenen Tuffsteinart. Die Fassade ist oft, wie bei den Stadthäusern auch, mit einfarbigen Malereien oder in Sgraffitotechnik (also mit Ritzdekoration im Putz) geschmückt, gelegentlich aber auch mit Fresken. Türen und Fenster, teils rechteckig, teils mit Bogenabschlüssen, sind hervorgehoben durch einfache Rahmungen.

Ein Beispiel dafür bietet das kleine, unweit des Parks der Villa Borghese gelegene *Casino*, das im Besitz Raffaels war. Es ist im Grunde weniger ein eigentlicher Landsitz als ein Treffpunkt für die Familie und die Freunde, an dem man sich unter dem Dach der Loggia am Nachmittag ausruht oder zum Essen zusammenkommt und dabei den Ausblick auf den Garten genießt. An die Aurelianische Mauer gelehnt, weist dieses *Casino* eine Fassade mit Rundbogenfenstern und eine Säulenloggia auf, von der einige Stufen zu den Blumenparterren hinunterführen. Die Inneneinteilung entspricht jener, die man noch heute in den Bauernhöfen Latiums findet: das Erdgeschoß dient der Lagerung der Feldfrüchte und beherbergt die Küche, und im über eine Außentreppe zugänglichen Obergeschoß befinden sich Schlafräume.

Ein Sommersitz für die Würdenträger der Kirche

Eine Besonderheit der römischen Villen und Landsitze ist vor allem der starke Einfluß, den führende Vertreter der katholischen Kirche auf ihre Ausgestaltung nahmen. Wichtig ist in diesem Zusammenhang die sehr alte Trennung der römischen Gesellschaft in zwei Gruppen – die kirchliche und die weltliche. Die Wahl eines jeden neuen Papstes, der „fremd" war (wenn schon nicht in Italien, dann doch in Rom), brachte regelmäßig einen erheblichen Zuzug von Leuten mit sich, die damit angaben, aus der gleichen Gegend wie der Erwählte zu stammen. Da sie gewöhnlich von ihrem Landsmann bevorzugt wurden, gewannen sie alsbald in Rom wachsenden Einfluß. So spielten zur Zeit des Borgia-Papstes Spanier eine entscheidende Rolle, und Florentiner unter der Regierung der Medici-Päpste. Besonders diese frisch Geadelten und rasch reich Gewordenen waren es, die als Mäzene auftraten und einen wesentlichen Beitrag zur Entwicklung des Architekturtyps der Villa leisteten.

Erste Anzeichen für ein päpstliches Interesse an einem ländlichen Sommersitz finden sich schon im Hochmittelalter. Denn als erster Papst richtet sich im 9. Jahrhundert Gregor IV. nicht weit von der Porta d'Ostia entfernt in einem kleinen, von ihm begründeten befestigten Ort ein, den er stolz nach dem Vorbild der alten Römer „Gregoriopolis" nennt. Während des ganzen Mittelalters ziehen sich dann die Päpste immer wieder in die Hügel des römischen Umlands zurück. Das geschieht freilich mehr aus Sicherheitsgründen als wegen der Reize einer Sommerfrische. Der päpstliche Hof ist mit seinen verschiedenen Verwaltungszweigen dadurch gezwungen, für nur kurze Zwischenzeiten mit hohem Aufwand umzusiedeln in geschütztere

Orte der Umgebung wie Viterbo, Bomarzo oder Bagnaia, wo der Papst gewöhnlich in einem örtlichen Kloster oder im Bischofspalast wohnt. Nach dem Ende des Exils von Avignon, also der Wiedereinrichtung des Heiligen Stuhls in Rom 1420, begründet Martin V. die Mode des Sommeraufenthalts in Tivoli, das während des ganzen 15. Jahrhunderts der bevorzugte Sommersitz der Päpste und Kardinäle bleibt. Für die Humanisten, Schriftsteller und Künstler ist Tivoli nicht nur wegen seines angenehmen Klimas und als Aufenthaltsort der Hauptmäzene ein Anziehungspunkt, sondern auch wegen der dort überall zutage tretenden Zeugnisse des klassischen Altertums.

Die Aufenthalte des päpstlichen Hofes werden hier nicht bestimmt vom Jahreslauf der Landwirtschaft, sondern allein von den Jahreszeiten und vom Kirchenjahr. Es wird zur Tradition, daß der Papst den am Vatikan residierenden Kardinälen für die Sommermonate Urlaub vom Hof gewährt. Während der Renaissance verlängert sich dann diese Urlaubsperiode immer mehr, gelegentlich auch über das vernünftige Maß hinaus. Gewöhnlich begann die Ferienzeit am Peterstag, dem 29. Juni, und erst an Allerheiligen, also am 1. November, kehrte man nach Rom zurück. Diese vollen vier Monate der Muße förderten natürlich die Entstehung zahlreicher Kardinalsvillen in der Umgebung Roms sehr.

Zu Beginn des 16. Jahrhunderts fand offensichtlich Papst Julius II. viel Gefallen daran, dem bedrückenden Vatikanpalast zu entfliehen und die Abende, gelegentlich sogar die Nächte, bei seinem Freund Agostino Chigi in dessen neu erbautem prachtvollen Sommerpalais zu verbringen, der heutigen Villa Farnesina.

Oben
Im Herzen des in das sanfte Licht der untergehenden Sonne getauchten Städtchens Tivoli ist hinter einer Reihe von Zypressen die Fassade der Villa d'Este zu sehen.

Links gegenüber
Wie in Form einer Traube reihen sich die Häuser der kleinen Bergstadt Bomarzo längs der Flanke des Hügels.

Rechts
Das von einer Stadtmauer umgebene Bagnaia wird überragt vom Turm des Kastells.

Oben
Das Ebenmaß klassischer Gliederung zeichnet die Fassade der von Baldassare Peruzzi errichteten Villa Farnesina aus.

Die Villa Farnesina

Aus seiner Heimatstadt Siena nach Rom gekommen, stieg Chigi rasch zum Hofbankier der Päpste von Alexander IV. bis zu Leo X. auf. Dank seiner Geldgeschäfte und seiner Einkünfte aus den Alaunminen von Tolfa baute der wendige Chigi sich Schritt für Schritt ein enormes Finanzimperium auf und unterhielt eine Flotte von rund hundert Schiffen, die unermüdlich das Mittelmeer bis zum Nahen Osten befuhren. Er war so mächtig, daß sich Julius II. 1506 entschloß, ihn in den Adelsstand zu erheben durch die Aufnahme in seine eigene Familie, die della Rovere; so konnte der Bankier dem Wappenzeichen der Chigi, den sechs von einem Stern überstrahlten goldenen Bergen, die Eiche der della Rovere zufügen.

1505 erwarb Chigi, in Rom nur noch „Il Magnifico", der Prächtige, genannt, einen Landstreifen am linken Tiberufer vor der Porta Settimiana, einem damals nur wenig bevölkerten Gebiet, und beauftragte sofort seinen Landsmann aus Siena, den berühmten Baumeister Baldassare Peruzzi, mit der Errichtung eines seiner würdigen Palastes.

Für den Bau der Farnesina, wie man heute kurz sagt, sah Peruzzi Backstein vor, das in der Gegend von Siena zumeist verwendete Material, und beschränkte sich in geglückter Weise auf den Einsatz des in Rom traditionellen Peperins nur zur Hervorhebung der horizontalen und vertikalen Linien der ungemein ausgewogenen Fassade: der Plinthe am Untergeschoß, der Gesimse, der Basen und Kapitelle der Pilaster und der Eckeinfassungen. Der Bau mit seinen beiden Hauptgeschossen, die durch elegante toskanische Pilaster gegliedert sind, ist bekrönt von einem dekorativen Stuckfries, unter-

Rechts oben
Das geviertelte Wappen der Chigi schmückt die reich stuckierte Wölbung über der in das Obergeschoß führenden Treppe.

brochen von kleinen Fenstern, auf dem Paare von Putten fröhlich früchtebehangene Girlanden auseinanderziehen.

Unter architektonischen Gesichtspunkten ist die Farnesina zu bewerten als Musterbeispiel für den am weitesten entwickelten Typ der Villa des 15. Jahrhunderts. Der U-förmige Grundriß zeigt einen Hauptbau mit zwei nach Norden vorspringenden Flügeln, welche die große Erdgeschoßloggia flankieren. Für eine römische Villa gänzlich ungewöhnlich, bildete diese Loggia ursprünglich den Haupteingang zum Gebäude, das nicht wie üblich mit der Hauptfront zur öffentlichen Straße gerichtet war, sondern parallel dazu lag. So ging das Hauptportal zwar auf die Straße hinaus, war aber erheblich nach Norden versetzt, so daß die Alle, die zur Loggia führte, perspektivisch exakt auf diese ausgerichtet war. Indem Peruzzi die Villa so vom Hauptzugangsweg absetzte, verschaffte er ihr den Zug des Intimen und der Zurückgezogenheit. Ursprünglich war auch der zum Tiber gelegenen Ostfassade eine Loggia vorgelagert, die sich zu den Gärten öffnete. Eine von einer Rebenpergola beschattete Allee durchquerte die von Zitronenbäumen gesäumten Parterre, die mit Veilchen, Rosen und Flieder bepflanzt waren, in Richtung auf das Flußufer mit seinen großen Bäumen. Dort errichtete man für sommerliche Gastereien eine weitere Loggia mit einer Grotte im Untergeschoß als kühlem Aufbewahrungsort für die Weine.

Als erfahrener Mäzen bot Agostino Chigi die bekanntesten Künstler seiner Zeit auf, um im Rahmen eines umfassenden Deko-

Oben
Die Innenseiten der Fensterläden sind mit zartfarbenen Malereien geschmückt.

Rechts
An der Kassettendecke des auch Alexander-und-Roxane-Raum genannten Prunkschlafzimmers wechseln mythologische Szenen und Grotesken.

Gegenüber, oben
Zur Seite der Farnesina ragt die aus dem 18. Jahrhundert stammende Fassade des Palazzo Corsini auf.

Gegenüber, unten
Die Farnesina ist eingebettet in einen Park mit Grün- und Wasserflächen.

rationsprogramms für das Äußere wie Innere dieses Sommerpalastes den Rang seiner Person hervorzuheben: Raffael, Peruzzi, Sodoma und Sebastiano del Piombo. So ließ er von Peruzzi die Fassade der Loggia mit Fresken in lebhaften Farben und Helldunkel-Manier bemalen, von denen an ein paar Stellen noch Frauengestalten mit Füllhörnern erhalten blieben. Der Architekt übernahm auch die Ausmalung von drei Räumen der Villa. Im sogenannten Saal der Galatea, ehemals zum Garten geöffnete Loggia, stellte er in den Deckengemälden anhand von Sternbildern das glückverheißende Horoskop Agostino Chigis dar. Die mythologischen Szenen in den Lünetten und der furchterregende *Polyphem* an der einen Wand sind von der Hand des Venezianers Sebastiano del Piombo, während die schöne *Galatea*, die halb nackt den Fluten entsteigt, ein Werk des großen

Oben
In die Höhlung einer Nische ducken sich Venus und der unverbesserliche Cupido.

Rechts
Raffals *Galatea* erhebt sich stolz über den Wogen, umgeben von Tritonen und anderen Geschöpfen des Meeres.

Rechts gegenüber
An den Wänden des Saales der Galatea erzeugen die illusionistischen Landschaftsbilder des 17. Jahrhunderts den Eindruck eines nach außen geöffneten Raumes, der diese ehemalige Gartenloggia ja einst auch war.

Vorhergehende Doppelseite
Der Saal der Perspektiven wurde von Peruzzi gestaltet als illusionistische Aussichtsplattform, von der sich ein Panoramablick über die Stadt und die sie umgebende Landschaft bietet.

Raffael ist. Allgemeines Thema der Fresken ist der Lobpreis der vier Bereiche des Universums: des Himmels in den Deckengemälden, der Luft in den Lünetten, des Wassers in der Darstellung der *Galatea* und der Erde schließlich durch die Villa als solche.

Im Saal im Obergeschoß verstärken die auf allen vier Seiten in perfekter optischer Verkürzung als Scheinarchiktur aufgemalten Loggien den perspektivischen Effekt der sich daraus bietenden illusionistischen Ausblicke auf weite Landschaften. Daneben liegt das Schlafzimmer des Hausherrn, das vom Sieneser Sodoma vom Boden bis zur Decke ausgemalt wurde mit Szenen aus dem Leben Alexanders des Großen, durch die ein Bezug zu dem des Hausherrn hergestellt wurde. So ist die Darstellung der Hochzeit von Alexander und Roxane als Anspielung auf die Verehelichung Agostino Chigis mit der jugendfrischen Francesca Ordeaschi zu verstehen, die er anläßlich einer Reise nach Venedig heimgeführt hatte. Die gleiche Thematik der Liebe und Sinnlichkeit durchzieht in heiterer Grundstimmung auch die Ausmalung der Deckenwölbung der Hauptloggia, die mit ihren üppigen Göttinnen und kräftig gebauten Göttern nach Entwürfen Raffaels von dessen langjährigen Gehilfen Giulio Romano, Francesco Penni und Giovanni da Udine ausgeführt wurde und zum Inhalt die Geschichte von Psyche und Cupido hat.

Dieses von verliebter Stimmung geprägte „Lusthaus" wurde gegen Ende des 16. Jahrhunderts von den Erben Chigi an den Kardinal Alexander Farnese verkauft, auf den sein heutiger Name zurückgeht. Mit allen anderen Besitzungen der Farnese den in Neapel residierenden Bourbonen zugefallen, wurde die Villa später an den italienischen Staat verkauft. 1929 wurde sie zum Sitz der Accademia Nazionale dei Lincei (Akademie der Wissenschaften) bestimmt und ist seither der Öffentlichkeit zugänglich.

Oben
Die starkfarbigen Fresken Sodomas schildern das Leben Alexanders des Großen in Anspielung auf die Bedeutung des Hausherrn.

Rechts
Zwischen den großen Nadelbäumen des Gartens öffnet sich der Blick auf die Farnesina.

Rechts gegenüber
Hingerissen von seiner Verliebtheit, bietet Alexander der Große seine Krone seiner begehrenswerten Sklavin Roxane an, die von schelmischen Putten gekitzelt wird.

DIE FREUDEN DER JAGD

Paolo Ucello, *Jagd im Walde*.
Um 1460, Öl auf Holz, 73 x 177 cm.
Ashmolean Museum, Oxford.

Vom Ende des 15. Jahrhunderts an konnte man prunkvolle, mit Jägern besetzte Kutschen aus Rom ausfahren sehen, die den Weg in die wenige Kilometer von der Stadt entfernten Gebiete von La Magliana und Campo di Merlo nahmen. Graf Girolamo Riario, ein Neffe des Papstes Sixtus IV., veranstaltete dort für seine Gäste großartige Jagdpartien, und das dabei erlegte Wild verspeiste man anschließend gleich bei einem im Freien improvisierten Festessen.

Es war wahrscheinlich der aus Venedig stammende Kardinalkämmerer Lodovico Trevisan, der in Rom die Mode der Jagdpartien für Adlige und Kardinäle einführte. Zwar verbot seit dem Hochmittelalter das kanonische Recht der Geistlichkeit formell die Teilnahme an derartigen Veranstaltungen. Aber die hohe Geistlichkeit entstammte ja ihrerseits dem Adel, für den die Jagd in Friedenszeiten sozusagen ein Ersatz für kriegerische Betätigung war. Kardinal Trevisan, der offensichtlich seinen Spitznamen „Kardinal Lucullus" sehr zu Recht trug, war wohl der erste kirchliche Würdenträger, der es

wagte, sich Pferde und Hunde für die Jagd zu halten. Seine Meute – Windhunde, Hetzhunde und Vorstehhunde – stammte zumeist aus den berühmtesten Zwingern von Ferrara. Denn die Herren der Lombardei betrieben die Jagd schon seit mehr als einem Jahrhundert ganz regelmäßig.

In Rom scheint gegen Ende des 15. Jahrhunderts der große adlige Jäger der Kardinal Ascanio Sforza gewesen zu sein, Bruder des Herzogs von Mailand, der dort die Jagd in umschlossenen Bezirken einführte nach dem Modell der großen, *Barchi* genannten Jagdgehege im Norden Italiens. Solche Jagdparks waren schon bei den alten Römern in Gebrauch. So hatte man zum Beispiel in der Nähe der Bäder des Diokletian ein Vivarium angelegt, einen eingehegten Bezirk zur Aufzucht und Haltung der Tiere für die Zirkusspiele in Rom. Dieser Bezirk wurde zu einer Art von Tiergarten, der sich beim römischen Adel bis ins 16. Jahrhundert hinein großer Beliebtheit erfreute.

Der Jagdpavillon von La Magliana war usprünglich ein Rastplatz für Papst Innozenz VIII. bei dessen häufigen Bootsfahrten nach Ostia, wo er die Schiffe segnete, die zum Kampf gegen die Türken im Mittelmeer ausliefen. Der Kampf gegen die Ungläubigen verhalf dann auch La Magliana zu der Rolle, die es jahrhundertelang spielen sollte. 1482 nämlich wurde Prinz Djem, Bruder des türkischen Sultans, von päpstlichen Truppen gefangengenommen und als wertvolle Geisel festgehalten. Da der Prinz als hervorragender Reiter bekannt war, kam man auf den Gedanken, für ihn in La Magliana große Jagdausflüge zu veranstalten, um ihm die Gefangenschaft erträglicher zu machen.

Zu Beginn des 16. Jahrhunderts fand dann auch der große humanistische Papst Leo X. Gefallen an der Teilnahme an festlichen Jagdpartien, die nach genau festgelegtem Zeremoniell abliefen. Am Morgen vor dem Jagdtag erkundeten Berufsjäger das bewaldete Gebiet und umgrenzten einen bestimmten Bereich mit Stoffstreifen. Am Tag darauf ritt dann das ganze Gefolge in diesen Bezirk, und der Papst nahm einen erhöhten Platz ein, von dem aus er das ganze Schauspiel verfolgen konnte. Die von Bauern und Mitgliedern der Schweizergarde geführten Hunde stöberten das Wild innerhalb der Eingrenzung auf, vor allem Hirsche, Wildschweine und Hasen. Dann ließ man Falken los auf die in den Volieren des Papstes herangezogenen Vögel und das Kleinwild. In seinem Jagdpavillon zog sich dann der Papst 1521 auch das Fieber zu, dem er wenige Tage später im Vatikan erlag.

NON HUMILIS VOBIS BALNEARIA LAUDIBUS ULLIS
CERTAT NON VESTRAS AEMULA JACTAT OPES
AT SIMILEM VOBIS DOMINUM SI NACTA FUISSET
ESSET ET IPSA ALIQUO FORSAN HABENDA LOCO

Die großen *Barchi* von Caprarola, Bagnaia und Tivoli

Die Leidenschaft für die Jagd erlosch während des ganzen 16. Jahrhunderts nicht und auch keineswegs in der Zeit der Gegenreformation. Kardinäle wie Carlo Carafa, Neffe des strengen Paul IV., Ferdinand de' Medici, Jean du Bellay, Alexander Farnese oder Hippolyt II. d'Este waren berühmt als unermüdliche Jäger. Ihnen ist die Schaffung der *Barchi*, der großen Wildgehege der Renaissance, in Bagnaia, Tivoli und Caprarola zu verdanken.

Der erste große *Barco* in der Umgebung Roms entstand zu Beginn des 16. Jahrhunderts in Bagnaia. Der Kardinal Raffael Riario fand, zum Bischof von Viterbo ernannt, Gefallen am Kastell in Bagnaia, das er zu seinem Sommersitz erkor. An den bewaldeten Hängen des über der Ortschaft aufragenden Monte Sant'Angelo grenzte er von 1514 an ein Jagdgehege ab, in dem er zunächst einen bescheidenen Pavillon errichten ließ als Unterkunft für die Jagdgäste und zur Veranstaltung der Bankette, die gewöhnlich die Jagd beschlossen. Während der ganzen ersten Hälfte des 16. Jahrhunderts diente der Park den Bischöfen von Viterbo zur Erholung. Erst um 1570 ließ dann Kardinal Gambara die großartige Villa Lante anlegen, wobei nur ein Teil des bewaldeten Jagdparks erhalten blieb. Der andere Teil verwandelte sich in das traditionelle Gehölz, den *Bosco*, in den die Gärten einer Villa übergehen.

Ein gleiches Schicksal erlebten die beiden Wildgehege, die Kardinal Hippolyt d'Este um 1560 bei seiner prunkvollen Villa in Tivoli anlegen ließ. Zwischen der Burg und der Kirche San Giovanni lag ein kleinerer Park, der sogenannte *Barchetto*, für Niederwild und exotische Tiere. Ein viel größerer, der eigentliche *Barco*, entstand in der sumpfigen Niederung unterhalb Tivolis längs des Anio. Hier hielt der Kardinal seine beeindruckenden Hochwildjagden ab. An der Stelle eines ehemaligen römischen Steinbruchs erbaute der Architekt des Kardinals einen Jagdpavillon, einen kompakten, von einem Mittelturm überragten Block; der Turm war dem Kardinal vorbehalten, hier lagen seine Wohnräume. Nach dem Tod des Kardinals fielen die Ländereien der Gemeinde Tivoli zu.

Auch der umfangreiche *Barco*, den der Kardinal Alexander Farnese seinerseits von 1569 an nahe seiner neuen Residenz unweit von dem Flecken Caprarola errichten ließ, hat seinen Gründer nicht überlebt. Mit einem Umfang von fast drei Kilometern enthielt der Park sowohl Waldpartien als auch Weideflächen, die einer großen Vielfalt von Wildtieren Raum boten, und auch einen See. Über dem See erhob sich auf einer kleinen Anhöhe ein zweistöckiger Jagdpavillon, den Vignola, der Architekt des Palastes in Caprarola, mit einem Mittelturm versah, der sich auf jeder Seite in einer dreiteiligen Loggia öffnete und von einem Taubenhaus bekrönt war. Auch hier kam der von den Erben aufgegebene Park in den Besitz der Gemeinde Caprarola.

Gegen Ende des 16. Jahrhunderts läßt sich ein zunehmendes Desinteresse an der Jagd feststellen, die nun nicht mehr zu den bevorzugten Vergnügungen des römischen Adels gehört. Die zunehmende Verwendung von Feuerwaffen in der zweiten Jahrhunderthälfte hatte in starkem Maße zu einer Verminderung des Bestandes an Hochwild beigetragen, und die wachsende Anzahl von Landsitzen erlaubte auch nicht mehr die Anlage so ausgedehnter Jagdgehege. Überdies waren die Zeiten friedlicher geworden, und der Adel braucht nun kein Ersatz-Betätigungsfeld mehr für sein kriegerisches Temperament. Er findet nun bessere Zerstreuung im Theater oder, vom Beginn des Barockzeitalters an, in der Oper.

Vorhergehende Doppelseite
Innerhalb der Mauern um die Anlagen der Villa Lante in Bagnaia, die sich über die Hänge des Monte Sant'Angelo ziehen, erkennt man die bewaldeten Partien, die einst das Wildgehege des Kardinals Riario bildeten.

Oben
Die Wälder um Tivoli waren im 16. Jahrhundert das Jagdrevier des Kardinals Hippolyt d'Este.

Rechts gegenüber
Rings um die Mauern des Palastes von Caprarola erstreckte sich der *Barco*, den Kardinal Alexander Farnese zum Vergnügen seiner Gäste anlegen ließ.

ARNESI DOMVS ET VARIO POMARIA CVLTV
QVALE ALIVD NVSQVAM CERNITVR ARTIS OPVS

DIE VILLA ALS ERINNERUNG AN DIE ANTIKE

Ganz oben und gegenüber oben
Die Ruinen der Großen Thermen und des Kanopos-Bassins der Villa Adriana in Tivoli faszinierten die Künstler der Renaissance.

Oben und gegenüber unten
Im 16. Jahrhundert entdeckte man den Wechsel von Stukkaturen und Grotesken, der in der Antike für Wölbungen üblich war, wieder neu.

Der Beginn einer friedlichen Epoche fördert die Ausbreitung von Villen. Während der ersten Jahrzehnte des 16. Jahrhunderts, in denen dank der Erkundung von Ruinen und immer zahlreicheren Ausgrabungen die topografische Erforschung des antiken Roms mit großen Schritten fortschreitet und die Kunsthändler und eifrigen Sammler systematisch jedem Stück mit einem Bezug zur Antike nachjagen, spürt man auch den architektonischen Gesetzen nach, die von antiken Schriftstellern formuliert wurden. Auf der Suche nach dem Idealbild der Villa beschäftigt man sich wieder nachdrücklich mit den Briefen des Plinius, in denen dieser einem Freund die Reize seiner Häuser in Laurentium und in der Toskana schildert, und auch mit den Zehn Büchern zur Architektur des Vitruv. Man erkundet eifrig die Ruinen der Sommerresidenz Kaiser Hadrians in Tivoli, der Villa Adriana, und der antiken Villen, die sich zu dieser Zeit noch am Pincio finden.

Von diesen antiken Villen, die zur Renaissancezeit noch erhalten sind, entnehmen die Architekten des 16. Jahrhunderts die Einteilung der Wölbungen in achteckige, sechseckige oder dreieckige Abschnitte oder auch die Gestaltung mit Lünetten, die sogenannte Pendentifkuppel. Mit Grotesken und Stuck werden die Trennfelder zwischen gemalten Szenen gefüllt, die nun zumeist antike Themen zum Inhalt haben, die den Werken des Apuleus oder den *Metamorphosen* des Ovid entstammen oder sich auf die Gründungslegende Roms beziehen. Humanisten und Gelehrte durchforsten die antike Literatur, um Dekorationsprogramme zusammenzustellen, die den Wünschen des Auftraggebers entsprechen und an die sich die Maler halten müssen. Dieser Einfluß der Antike auf die Architektur der Villa bleibt in Rom nun bestimmend, und das für viele Jahrhunderte. Eine unmittelbare Ausprägung findet er zu Beginn des 16. Jahrhunderts in den Entwürfen Bramantes für den Belvederehof im Vatikan und Raffaels für die Villa Madama.

Wie Bramante bezieht auch Raffael seine Inspirationen aus dem Studium klassischer Bauten. Er war von Papst Leo X. zum Oberaufseher über die antiken Bauten ernannt worden, widmete sich intensiv der Erforschung der Ruinen und der Vergangenheit und fertigte einen Plan des antiken Roms. Bei dieser Gelegenheit unternahm er, in Begleitung seines unzertrennlichen Mitarbeiters Giovanni da Udine, eine wahre archäologische Expedition durch die unterirdischen Reste des berühmten *Goldenen Hauses* Kaiser Neros auf dem Monte Oppio in der Nähe des Kolosseums. Der Besuch dieser Ruinen, die

man zu dieser Zeit mit Grotten gleichsetzte – worauf auch der Ausdruck „Grotesken“ für die sie schmückenden Fresken zurückgeht –, beeindruckte Raffael so stark, daß er ihn veranlaßte, die phantastischen Motive der Ausmalung als alleinige Dekorationselemente einzusetzen und damit alle Flächen, seien es nun Decken oder Wände, in jenen Villen zu schmücken, die er fortan baut.

Giovanni da Udine für seinen Teil gelingt es nach vielen Versuchen, dem Herstellungsverfahren für die weiße Stuckmasse wieder auf die Spur zu kommen, einer Mischung aus Kalk und weißem Marmorstaub, deren feine Formbarkeit er an den Gewölben des neronischen Palastes bewundern konnte und von der er an der Seite Raffaels nun intensiv Gebrauch macht, vor allem an der Loggia der Villa Madama.

Der ungewöhnliche Halbkreis der unvollendeten Fassade der Villa Madama sollte nach den Plänen Raffaels eigentlich ein Atrium im Inneren der Anlage bilden.

Die Villa Madama

Durch eine päpstliche Bulle, in der er die schon von seinen Vorgängern zur Förderung der Stadtentwicklung gewährten Privilegien noch erweiterte, ermutigte Leo X. 1516 die römischen Kardinäle zum Bau von Sommersitzen. Die Villa Madama, von Raffael bald nach Erlaß dieser Bulle für Kardinal Julius de' Medici, Vetter des Papstes, entworfen, sollte als inspirierendes klassisches Vorbild für den Typ der Renaissancevilla an sich dienen.

Der Kardinal wählte als Platz für seine Sommerresidenz die grünen Hänge des Monte Mario nördlich vom Vatikan, der noch heute ein von den Römern überaus geschätztes Wohngebiet ist. 1518 begann man mit dem Bau unter der Leitung Raffaels, der dem Kardinal einen äußerst anspruchsvollen Entwurf geliefert hatte. Wechselvolle Geschicke behinderten jedoch die Ausführung und verhinderten schließlich die Fertigstellung überhaupt. Denn zunächst starb 1520 Raffael überraschend, und die Fortführung der Arbeiten an diesem schönen Projekt fiel seinem Hauptmitarbeiter, Antonio da Sangallo d.J. zu, der ihn schon beim Bau des Petersdomes unterstützt hatte. Ein Jahr später fiel beim Tode Leos X. der Kardinal de' Medici in Ungnade und mußte sich nach Florenz zurückziehen. Die daraufhin unterbrochenen Arbeiten wurden 1524 wieder aufgenommen, als der Kardinal als Clemens VII. den Stuhl Petri bestieg.

1527 dann steckten die in Rom eingedrungenen kaiserlichen Truppen den noch unvollendeten Bau in Brand, und er erlitt schwere Schäden. Resigniert mußte der Papst zusehen, wie seine Villa ein Raub der Flammen wurde; so rächte sich der an der Spitze der

kaiserlichen Truppen stehende Kardinal Colonna dafür, daß er von päpstlicher Hand seiner Besitzungen beraubt worden war. Der „Sacco di Roma“, die Plünderung Roms, war das Ende jeder Hoffnung auf eine Verwirklichung von Raffaels Entwurf. Von einigen unbedeutenden späteren Baumaßnahmen abgesehen, verblieb die Villa bis heute in dem unvollendeten Zustand vom Jahre 1527.

Eine Hauptvorgabe für Raffael scheint die Anordnung und Ausrichtung der Gesamtanlage nach der Funktion ihrer einzelnen Teile unter Berücksichtigung der Jahreszeiten gewesen zu sein, wie es den Ausführungen Vitruvs in seinen Zehn Büchern über die Architektur entspricht. Sie entwickelte sich nach seinem Entwurf längs einer Achse, die den Hang des Hügels hinab von Südosten nach Nordwesten verlief. Zur Stadt hin öffnete sich die Villa durch zwei Eingänge: der erste im Südosten war von der zum Vatikan führenden Straße zugänglich, der zweite im Untergeschoß der Nordostfassade lag in der Achse der Straße, die zum Monte Mario hinaufführt und im Norden Roms den Tiber an der Milvischen Brücke überquert. Der Gesamtkomplex hätte ein riesiges Rechteck von 180 m Länge gebildet, umgeben von einer Mauer mit vier Rundtürmen an den Ecken.

Durch den ersten Eingang sollte man in einen großartigen Vorraum gelangen und von diesem dann in einen anderen Raum, von Raffael als „Atrium“ konzipiert. Es sollte, in seiner kreisrunden Form

Links gegenüber
Im ersten ummauerten Garten, angelegt auf italienische Art, bewachen die beiden Kolosse Bandinellis den Durchgang zum sogenannten Hippodrom.

Links
An der Wand des Fischbeckens das von Giovanni da Udine lebensecht gestaltete „Porträt“ des Elefanten Annone, der als Geschenk des Königs von Portugal zum Maskottchen am Hofe Leos X. wurde.

Links gegenüber
Einer Kirche würdig ist das beeindruckende dreiteilige Gewölbe über der zum Garten geöffneten Loggia.

Oben
Geflügelte Siegesgöttinnen mit wehenden Gewändern, üppige Festons mit Früchten und Blumen und feiste Putten beleben den von Giulio Romano gemalten Fries.

der griechischen Architektur entlehnt, den Kern der Villa bilden, um den sich die Repräsentationsräume legten. Diesen zugeordnet waren dann jeweils wieder die entsprechenden eigentlichen Privaträume. Dabei waren die Zimmer für den Winteraufenthalt des Kardinals nach Süden ausgerichtet, damit man auch den bescheidensten Sonnenstrahl zu ihrer Erwärmung einfangen konnte, die Sommerzimmer dagegen nach Norden. Vor ihnen liegt eine monumentale Loggia, die sich zu den Gärten öffnet, welche ihrerseits ihren Abschluß in einer großen Exedra quer zum Hang finden sollten. Unterhalb der Gärten waren in Terrassen abfallende Fischbecken vorgesehen, die während der heißen Sommerstunden wohltuende Kühlung versprachen.

Von dieser großartigen Anlage wurden nur die Nordappartements, die Loggia und die Gärten verwirklicht. Vom „Atrium" kam nur die Hälfte zur Ausführung, also ein Halbkreis, der nun zur höchst ungewöhnlichen Fassade der Villa wurde. Der Eingang führt heute in ein Vestibül neben den Appartements, von dem man direkt in die Loggia gelangt. Obwohl nur ein Torso, strahlt die Villa dank ihrer streng durchgestalteten Architektur und ihrer klassischen Proportionen eine bemerkenswerte Wirkung aus, die auch die Zeitgenossen schon beeindruckte.

Durch die Kombination einer Kuppel in der Mitte mit seitlichen Kreuzgewölben, die über luftigen Arkaden aufsteigen, erinnert diese Loggia mit ihren mächtigen Ausmaßen an jene andere, die von Raffael wenig früher für den Vatikanpalast entworfen worden war. Wie dort, waren auch hier wieder die beiden Hauptmitarbeiter Raffaels Giulio Romano für die Malereien (unter Mithilfe des Maler-Architekten Baldassare Peruzzi) und Giovanni da Udine für die Stukkaturen. Wände wie Deckenwölbungen sind regelrecht überflutet von jenen Grotesken, die der mittelalterlichen Tier- und Pflanzenwelt entstammen und unbekümmert Pflanzenformen und Fabelwesen untereinandermengen und deren intensive Verwendung entscheidend auch die Freskenmalerei beeinflussen wird. Die Malerei ist auf die Gewölberegion beschränkt und stellt Szenen aus Ovids *Metamorphosen* dar, jener tausendfach von den Künstlern der Renaissance benutzten Quelle; die Wände mit ihrem weißen Stuckdekor sind durch Nischen gegliedert, in denen einst antike Statuen standen.

Besonders stolz war der Kardinal auf die seinen Garten belebenden Wasserkünste und insbesondere sein Nymphäum in einer Senke des Hanges nordwestlich des Hippodroms, das den Garten beschließt. Der Entwurf zu diesem Nymphäum und zu den Wasserspielen im Garten, darunter der berühmte, von Giovanni da Udine modellierte Elefantenbrunnen, stammt von Antonio da Sangallo. Von den Statuen, die einst die Gärten zierten, blieben nur die beiden von

Oben
Das von einer prächtig bunten, üppigen Girlande umgebene und mit dem Kardinalshut bekrönte Wappen der Medici mit den sechs Kugeln beziehungsweise Bällen.

Links
Ungemein fein ausgeführte Grotesken, im obersten Teil das Wappen des Kardinals Julius de' Medici umrahmend, schmücken die Decke im sogenannten Giulio-Romano-Saal.

Baccio Bandinelli aus Stuck geschaffenen großen Figuren erhalten, die heute wie Wächter am Eingang zum Hippodrom stehen.

Nach dem Tode von Clemens VII. wurde die Villa Eigentum der Familie Medici und wurde insbesondere bewohnt von Margarete von Parma, einer Tochter Kaiser Karls V., genannt „Madama", die sie beim Ableben ihres Gatten, des Herzogs Alexander de' Medici, erbte und auf die der heutige Name zurückgeht. Margarete verheiratete sich wieder, und zwar mit einem Enkel des Papstes Paul III., Ottavio Farnese, und gab in der Villa zahlreiche Empfänge zu Ehren dieses Papstes, der offenbar diesen Sitz sehr schätzte. Natürlicherweise fiel er dann 1555 an die Farnese, und die Kardinäle aus dieser Familie durften sich daran während der ganzen zweiten Hälfte des 16. Jahrhunderts erfreuen. Dann kam er an die in Neapel regierenden Bourbonen, wurde aber nur noch selten bewohnt und 1940 dann von der italienischen Regierung angekauft; seither dient er zu Kongressen und als Unterkunft für hohe Staatsgäste.

Links gegenüber
Farbiger Stuck und Fresken vereinigen sich in den Deckenwölbungen der Loggia zu einem harmonischen Gesamtkunstwerk dank der engen Zusammenarbeit zwischen Giulio Romano und Giovanni da Udine.

Unten
Einer der zahlreichen antiken Sarkophage aus der Sammlung des Kardinals de' Medici, die noch heute ein Schmuck der Alleen des Gartens sind.

Der Palazzo Madama

Margarete von Parma war auch Namensgeberin für einen weiteren Palast, den die Medici sich im Herzen Roms zwischen der Piazza Navona und der Kirche San Luigi degli Francesi erbauen ließen. Ganz zu Anfang des 16. Jahrhunderts war dieser Sitz nur eine bescheidene Bleibe, errichtet durch Sinulfo di Castell'Ottieri, den Schatzmeister Papst Sixtus IV., auf einem Gelände, das ihm von der französischen Gemeinde Roms überlassen worden war. Bei seinem Tode kaufte der Kardinal Giovanni de' Medici, Sohn Lorenzos des Prächtigen, das Gebäude. Erst 1513, unmittelbar nach seiner Berufung auf den Stuhl Petri als Leo X., faßte der Kardinal den Entschluß, sich hier einen seiner neuen Stellung würdigen Sitz erbauen zu lassen. Der „Hofarchitekt" der Medici, Giuliano da Sangallo aus Florenz, erhielt den Auftrag zum Entwurf für den neuen Palast.

Die beiden Gemächerfolgen des Baues dieser Zeit sind um einen Mittelhof angeordnet, auf den sich allseitig die großen Arkaden der umlaufenden Loggia öffnen. Sangallo plante ursprünglich die Ergänzung des Hauptbaus um zwei Portikusflügel über einem Parterre, welche die Verbindung des Palastes mit der Piazza Navona herstellen sollten. Dieser anspruchsvolle Entwurf, der nie ausgeführt wurde, wirkt wie ein Vorgriff auf die beiden dem Petersdom vorgelagerten Flügelbauten, die Bernini für Alexander VII. konzipierte. In der Folge von Bramante und Raffael zeigt hier auch Sangallo eine ausgeprägte Neigung, Architekturprinzipien der Antike aufzugreifen.

In einem der Säle des Palazzo Madama fanden schließlich die wertvollen Bände aus der Büchersammlung Lorenzos des Prächtigen

Links gegenüber
Der Ehrenhof des im 17. Jahrhundert umgebauten Palazzo Madama bewahrt im Erdgeschoß noch den ursprünglichen Portikus aus der Zeit von Papst Leo X.

Die Arkaden des im 17. Jahrhundert angelegten Hofes, unter denen heute Senatorenbüsten aufgestellt sind, beziehen (rechts) den mittelalterlichen Crescenzi-Turm mit ein.

Rechts
Die Fresken im Pannini-Saal zeigen auf Wänden und Decke kühne Scheinarchitekturen, die sich im Barock besonderer Wertschätzung erfreuten.

Oben
Die Prunkdecke des zu Ehren des Senats gegen Ende des 19. Jahrhunderts eingerichteten Maccari-Saals ist mit Fresken im typischen Geist der Romantik geschmückt.

Rechts
Üppige Frauengestalten als Allegorien stellen die Malereien des 17. Jahrhunderts am Fries des Marconi-Saals dar.

Aufstellung, die 1494 bei der Vertreibung der Medici aus Florenz zerstreut worden war. Der junge Kardinal Giovanni hatte damals, als Mönch verkleidet, um der Verfolgung der Florentiner zu entgehen, bei seiner Flucht nach Venedig wenigstens einen Teil dieser begehrten Bücherschätze retten können. In einem kleinen, zum Palast gehörenden Garten stellte er außerdem seine Sammlung antiker Marmorarbeiten aus, das Ergebnis zahlreicher Ausgrabungen in Rom, die er mit Eifer hatte betreiben lassen. Der Palazzo Madama, in dem Künstler und Gelehrte stets willkommen waren, wurde rasch zum Mittelpunkt der humanistischen Kultur Roms.

Anspruch auf den Palast als Erbin hatte die junge Katharina de' Medici, aber 1533 nahm ihn ihr Papst Clemens VII. mit ihren Besitzungen im Tausch gegen die Mitgift weg, die sie bei der Heirat mit dem französischen Thronfolger erhielt, und übergab ihn seinem Sohn, dem Herzog Alexander. Als dieser dann von seinem Vetter, dem unter anderem von Musset verewigten Lorenzaccio, ermordet wurde, gelangte der Palast an seine Witwe, eben Margarete von Parma, die als „Madama" ihm seinen nunmehrigen Namen gab. Sie wohnte hier viele Jahre lang, da sie es ablehnte, an der Seite ihres neuen Gatten zu leben, des Herzogs Ottavio Farnese, den sie regelrecht haßte. Nach ihrem Tod gelangte der Palast dann erneut in den Besitz der Medici. Zwar gab es schon zur Zeit des Großherzogs Cosimo II. Pläne für einen Umbau, doch dieser erfolgte dann tatsächlich erst ab 1642 unter Ferdinand II. nach Entwürfen des Architekten Paolo Marucelli.

Dieser Ferdinand II. zeigte zwar weder Ehrgeiz noch politische Entschlossenheit, was den Staat der Medici betraf, der unter ihm herunterkam, erwies sich jedoch als großer Mäzen für die Künste und Wissenschaften: Ihm ist der Erwerb zahlreicher Kunstschätze zu danken, die heute der Stolz des Palazzo Pitti und der Uffizien sind. Die Barockfassade des Palastes zeigt drei Reihen von je neun Fenstern mit dekorativen Rahmungen, jeweils von einem aufwendigen Tympanon bekrönt, in aufsteigender Ordnung in rechteckiger, gewölbter und dreieckiger Form. Die auf eleganten Konsolen ruhenden Rahmungen werden flankiert von gestreckten Karyatidenfiguren. Den Abschluß bildet ein Mezzaningeschoß mit kleinen Fenstern, zwischen denen – wie an der Villa Farnesina – reliefierte Putten Früchtegirlanden halten. Bekrönt wird der Bau von einem mächtigen Gesims.

Nach Durchschreiten des Vestibüls gelangt man in den Ehrenhof mit den sechs luftigen Arkaden und dem schönen vielfarbigen Pflaster aus Zipollinmarmor, der aus Grabungen in Rom stammt. Links vom Portikus erhebt sich die große Ehrentreppe, die von

Marucelli nach dem Entwurf Sangallos rekonstruiert wurde. Im ersten Obergeschoß finden sich noch einige schöne Kassettendecken aus dem 16. Jahrhundert mit gemalten Blumenmotiven und vergoldeten Blattdekorationen, wie etwa die Sala della Signatura mit ihrem feinen, mit Putten, Blumen und Früchten gezierten Fries, der Mazzini-Saal mit dem Strauß als Symbol für Entschlossenheit und Stärke im Zentrum seiner Decke und die Treppe des heiligen Ludwig von Frankreich mit dem Wappen der Medici. Um diesen Kern von Räumen der mediceischen Epoche gruppieren sich einige Räume, in denen Friese aus der Zeit des Umbaus im 17. Jahrhundert erhalten blieben, so etwa der Marconi-Saal, der mit Episoden aus dem Leben des Kardinals Alexander de' Medici dekoriert ist, der 1605 für sehr kurze Zeit als Leo XI. auf dem Stuhl Petri saß.

Das Großherzogtum Toskana kam mit seinen sämtlichen Besitzungen, darunter dem Palazzo Madama, 1753 an das Haus Lothringen. Zwei Jahre später kaufte Papst Benedikt XIV. diesem den Palast ab und machte ihn zum Sitz der päpstlichen Regierung. So wandelte sich also der private Sitz, sichtbares Zeichen mediceischer Macht, zum öffentlichen Gebäude. 1849 versetzte ihm Papst Pius IX. sozusagen den Gnadenstoß, als er sich entschloß, hier auch noch die Finanzbehörden des Kirchenstaates unterzubringen. Als dann Rom 1871 Hauptstadt Italiens wurde, bestimmte man den Palazzo Madama zum Sitz des Senats, der er noch heute ist.

Oben
Zahlreiche Reliefdarstellungen, wie dieser grimmige Löwe, der über einem Fenstersturz lagert, beleben die Barockfassade des Palastes.

Links
Die Fenster im Erdgeschoß sind noch besonders betont durch die Konsolen mit ihren auffälligen Stützen in umgekehrter S-Form.

Links gegenüber
Die schöne Kassettendecke des Mazzini-Saales, in ihrer Mitte von der Darstellung des Vogels Strauß als Symbol der Entschlossenheit geschmückt, stammt aus der Zeit der Margarete von Parma.

Oben und links
Am Fries des Marconi-Saals wechseln allegorische Frauengestalten mit Darstellungen von Szenen aus dem Leben Alexanders de' Medici.

Rechts gegenüber
Das Deckengemälde im Pannini-Saal stellt, in hellen Sonnenschein getaucht, den Triumph Auroras, der Göttin der Morgenröte, dar.

Die Villen des 16. Jahrhunderts beschränken sich nicht auf eine Anlehnung an antike Vorbilder sowohl hinsichtlich ihrer Architektur als auch ihrer Ausmalung; sie nutzen auch ganz unmittelbar die antiken Ruinen, indem sie sie bewußt in ihr Erscheinungsbild mit einbeziehen. Viele von ihnen bedienen sich der Aurelianischen Mauer als teilweiser Eingrenzung der Besitzung, und an den Hängen des Palatins erstrecken sich die Farnesischen Gärten, die sich um die noch erhaltenen Reste bedeutender Monumente lagern, die in der Antike das Stadtzentrum schmückten.

Die Farnesischen Gärten

Vom Jahre 1567 an legte der nach seinem Geburtsort benannte Architekt Vignola (genauer: Giacomo Barozzi da Vignola) für den Kardinal Alexander Farnese rings um die Ruinen des Palastes von Kaiser Tiberius, die das Forum Romanum beherrschen, den Komplex der Farnesischen Gärten an. Es gelang ihm eine überaus eindrucksvolle Verbindung zwischen den antiken Monumenten der beiden Foren, des palatinischen und des römischen, und den Terrassengärten des Kardinals Farnese, die sich bis zu den Füßen der Maxentiusbasilika erstrecken. Vignola ist die Idee zu verdanken, das Gefälle des Hügelabhangs zu nutzen zur Anlage einer durch Treppen und Absätze verbundenen abgestuften Folge von Gartenterrassen, die mit Brunnen und Wasserspielen geschmückt ist und eine wahrhaft atemberaubende Szenerie bietet. Ursprünglich stand am Übergang der beiden Foren ein mächtiges Rustikaportal mit schweren Säulen; es ist inzwischen an den Seiteneingang des palatinischen Forums versetzt worden. Dieser Triumphbogen diente ehemals als Fassade für ein Vestibül, das sich längs der Umfassungsmauer hinzog.

Von diesem Vestibül gelangte man auf einen weiten Vorplatz in Form einer Exedra, von dem eine gerade Hauptrampe, flankiert von zwei schmäleren, zum *Casino* anstieg. Sie führte in großen Stufen zu einer ersten Loggia, hinter der sich das *Ninfeo della Pioggia* (Regen-Nymphäum) verbarg, das seinen Namen den von zahlreichen Stalaktiten reichlich auf die Köpfe der Besucher herabfallenden Wassertropfen verdankt. Die beiden Seitenrampen mit stärkerer Steigung führten direkt zur zweiten Terrasse. Von dort wiederum

Links
Einer der kleinen Pavillons (*Casini*) in der Form von Loggien, die sich sowohl zur Stadt Rom hin öffnen, die man hier hinter den Gittern erahnt, als auch zu den rückwärtigen Terrassen.

Unten
Hinter Akanthusblättern versteckt, scheint ein geflügelter Greif an einer Biegung der zu den Pavillons führenden Rampen die Besucher zu beobachten.

Vorhergehende Doppelseite
Von der Terrasse der Farnesischen Gärten umfängt der Blick das Forum Romanum; im Hintergrund der rechteckige Bau des Tabulariums vor dem Kapitolsplatz.

Links gegenüber
Die Terrassengärten, die sich bis zum palatinischen Forum erstrecken, sind erfüllt von den fruchtigen Düften der Orangen- und Zitronenbäume.

Rechts
Blick über das Forum Romanum von den Farnesischen Gärten aus; die Kirche San Lorenzo in Miranda im Vordergrund wurde auf den Resten eines dem Antoninus und der Faustina geweihten Tempels errichtet.

Unten
Durch die Vogelhäuser vor dem Wind geschützt, speiste Kardinal Farnese gerne auf der Gartenterrasse, umgeben vom sanften Geplätscher der Brunnen.

führte eine einzige zentrale Rampe zu einer dritten Ebene, die als einzige noch heute erhalten ist.

Zwei ausladende Terrassen zu beiden Seiten einer Treppe bieten einen Blick über die gesamte, sich über den Hang des Palatins hinziehende Gartenanlage. Vom großen Vorplatz vor den Terrassen aus kann man das Brunnenbecken bewundern, dessen Rückwand als große Nische, in der eine Kaskade entspringt, in den Unterbau des *Casinos* gehöhlt ist. Zu beiden Seiten des Beckens führen Treppen zur letzten Terrasse auf der Höhe des eigentlichen Eingangs zu den Pavillons. Diese zwillingsgleichen *Casini*, ihrerseits wieder durch eine Mittelterrasse getrennt, waren ursprünglich mit Kuppeln aus Schmiedeeisen bekrönt und dienten als Vogelhäuser; sie wurden erst gegen Ende des 16. Jahrhunderts durch den Barockarchitekten Girolamo Rainaldi der Anlage Vignolas hinzugefügt. Leicht schräg zur Mittelachse angeordnet, um die allzu strenge Symmetrie etwas aufzulockern, sind sie auf allen Seiten in großen Bogenstellungen geöff-

Rechts gegenüber
Zu beiden Seiten einer Kaskade führen Treppen zu den Pavillons.

Vorhergehende Doppelseite
Auf dem palatinischen Forum war diese große rechteckige Anlage, als Stadion des Domitian bezeichnet, in Wahrheit ein sogenannter Hippodrom-Garten.

net, die einen Panoramablick von 360 Grad nicht nur über die Gärten, sondern über ganz Rom und die Hügel ringsum gewähren.

Die in Parterre abgeteilten Gärten hinter diesen beiden Vogelhäusern wirken wie ein geometrisch gemusterter riesiger Teppich aus Blumen. Mit ihrer Fülle seltener und exotischer Pflanzen waren sie einst einer der reichsten botanischen Gärten ganz Italiens. Zu ihrem Schmuck holte man Statuen, Reliefs und andere Marmorarbeiten, die man im nahen Kolosseum ausgegraben hatte, hierher auf den Gipfel des Palatins. Im Sommer fanden gegen Ende des 17. Jahrhunderts gelegentlich abendliche Theateraufführungen statt, veranstaltet von den Arkadiern, einer der Schäferpoesie verpflichteten Gesellschaft, die von einem verlorenen Arkadien träumte und sich diesen so stark von der Antike geprägten Ort der Vergnügungen als Lieblingsplatz erwählt hatte.

Aus dem Besitz der Farnese gingen die Gärten in den der Bourbonen über, die Statuen und antike Marmorwerke nach Neapel überführten, die beiden Vogelhäuser durch eine Loggia verbanden und die Kuppeln der beiden *Casini* entfernten, um diese unter einem gemeinsamen Dach zu verbinden. Leider wurde aufgrund der von der Stadt Rom, in deren Besitz die Gärten heute sind, veranlaßten Ausgrabungen im 19. Jahrhundert ein Teil der Terrassen zerstört. Dennoch zählt auch heute noch ein Spaziergang auf dem Palatin zu den schönsten Roms, und der Panoramablick über die Stadt, der sich dabei bietet, ist noch immer atemberaubend.

Links außen
In den Alleen dieser Gärten kann man sich in der Sommerhitze der erfrischenden Kühlung durch die Brunnen erfreuen oder den Schatten der großen Pinien genießen.

Links
In den Zeiten der Farnese schmückten noch Statuen die Nischen dieser schattigen Grotte.

DIE VIA GIULIA – „VITRINE ROMS“

Zur gleichen Zeit, als Papst Julius II. Bramante den Auftrag für die Gestaltung des Belvederehofes im Vatikan gab, entwickelte er auch umfassende Pläne für eine ehrgeizige Umgestaltung Roms innerhalb der Mauern, die Ausgangspunkt wurde für die Errichtung der schönsten Paläste der großen römischen Familien. Seit dem Ende des 15. Jahrhunderts hatte sich der Stadtbezirk Arenula, in der Tiberschleife zwischen der Tiberinsel und dem Vatikan gelegen, zu einer Durchgangszone für den Handelsverkehr zwischen Trastevere und der Zollstation Sant'Eustachio, der Universität und dem Markt auf der Piazza Navona entwickelt. Dieser Bezirk wird durchschnitten von drei wichtigen, gewunden verlaufenden Handelswegen, welche die Verbindung zwischen den einzelnen Stadtteilen herstellen und alle an der Engelsbrücke münden: der vom Lateran ausgehenden Via Papale, der Via Recta, die unweit der Piazza Capranica beginnt, und schließlich der Via Peregrinorum, die ihren Anfang am Portikus der Octavia beim Marcellus-Theater nimmt. Die alten römischen Geschlechter nutzten eine von Sixtus IV. erlassene päpstliche Bulle, die dem Besitzer eines in gutem Zustand befindlichen Hauses den Erwerb benachbarter vernachlässigter Gebäude gestattete, um sich längs dieser drei Achsen Paläste zu bauen.

Papst Julius II. nun ließ, um der Vorherrschaft dieser alten Geschlechter zu begegnen und solche Familien zu begünstigen, die ihm wohlgesonnener waren, längs der Uferböschung des Tiber und somit parallel zum Fluß, eine neue Achse anlegen; diese schnurgerade Via Giulia war ein betonter Gegensatz zu den gewundenen Straßen aus dem Mittelalter. Dieser neue Handelsweg stellte eine zügige Verbindung dar zwischen der Tiberinsel, auf der die auf Kähnen herbeigeschafften Waren entladen wurden, und dem Vatikan. Auch im Umfeld der Via Giulia finden auf Betreiben des Papstes Umgestaltungen des Viertels statt mit dem Ziel, die Räume zugänglicher zu machen: die engen, gewundenen Sträßchen aus dem 13. Jahrhundert werden verbreitert und neu angelegt, und die oft unregelmäßigen und unzureichend abgegrenzten Plätze, wie der Blumenmarkt (Campo de' Fiori) und die Piazza de Capodiferro, erhalten nun symmetrische Form und werden besser auf die Straßenachsen ausgerichtet. Längs der Via Giulia entstehen päpstliche Amtsbauten und die Paläste der vom Papste geadelten und für seine Interessen gewonnenen Familien. So wird die neue Straße rasch zur „Vitrine Roms“, Ort beständiger Repräsentation.

Links gegenüber
Die schnurgerade Via Giulia setzt sich demonstrativ ab vom verwinkelten Straßennetz des mittelalterlichen Roms mit seinen engen, gewundenen Gassen.

Oben
Im 16. Jahrhundert wurden die von der Küste flußaufwärts gekommenen Kähne am Gestade der Tiberinsel entladen, und die entsprechenden Waren wurden dann durch die neue Via Giulia zum Vatikan geschafft.

Der Palazzo Farnese

Der erste Palast, der Nutzen zieht aus der Neuanlage der Via Giulia, ist der Palazzo Farnese. 1495 hatte sich der Kardinal Alexander Farnese zum Kauf der ehemaligen Residenz des spanischen Kardinals Pedro Ferriz entschlossen, deren Hauptfassade sich an der Via della Regola erhob, der lebhaften Verkehrsader dieses Viertels, das im Mittelalter das Zentrum städtischen Lebens in Rom war.

Der junge Kardinal begnügte sich in einem ersten Stadium mit Umbauten im Inneren des von ihm erworbenen Gebäudes. Bald aber treibt ihn sein Ehrgeiz zu weitergehenden Veränderungen. Er plant Vergrößerungen und kauft 1505 dem Englischen Kolleg einen angrenzenden Palast ab, wenig später erwirbt er dann das daneben gelegene Palais seiner Schwester Julia. Das in den Jahren 1515 und 1516 verwirklichte Vorhaben Papst Julius II., die Straßen rund um den Palast zu verbreitern, um für eine bessere Verbindung zwischen dem Blumenmarkt und der neuen Via Giulia zu sorgen, veranlaßt den Kardinal zu der Idee, den Palazzo Ferriz ganz abreißen zu lassen und ihn zu ersetzen durch ein ehrgeiziges Projekt, zu dem er wohl schon 1514 Antonio da Sangallo d.J. den Auftrag gab.

Von Anfang an schien es klar, daß man für den Palast eine größere Grundfläche brauche. Das führte dazu, daß bis 1523 der Kardinal schrittweise und systematisch Grundbesitz rund um sein Palais an sich brachte, bis ihm schließlich der ganze Häuserblock gehörte. Um das ganze Umfeld so gestalten zu können, daß es die gewünschte Prachtentfaltung ermöglichte, war Sangallo indessen damit beauftragt, den Bereich um diese neue Residenz radikal umzuformen. Zu

diesem Zweck legt er in der genauen perspektivischen Achse zum Eingang des Palazzo Farnese in Richtung zur Piazza Navona neu die Via dei Baullari an, der ein paar Dutzend Häuser zum Opfer fallen, und schafft vor dem Palast einen weiten Platz, der den freien Blick auf die volle Breite seiner Fassade gestattet.

Die Errichtung des Palastes erlebt einen Bruch durch den berüchtigten Sacco di Roma 1527, und die Berufung des Kardinals auf den Stuhl Petri als Paul III. 1534 läßt ihm kaum noch Zeit, sich um den Weiterbau zu kümmern. Daher werden die Bauarbeiten erst 1541 nach neuen Plänen von Sangallo, noch großartiger für den nunmehrigen Sitz eines Papstes, wieder aufgenommen, und zwar zunächst unter Leitung des Papstsohnes Pier Luigi Farnese; unter Leitung der Enkel Pauls III. werden sie auch nach dessen Tod fortgeführt. Die gewaltige Herausforderung des Riesenpalastes erfordert zu ihrer Bewältigung eine mehr als sechzigjährige Bauzeit und das schöpferische Talent der größten Baumeister der Renaissance. So folgen auf den von Jacopo Meleghino unterstützten Sangallo bei seinem Tode 1546 Michelangelo, 1555 dann Vignola und schließlich 1574 Giacomo della Porta. Der offizielle Abschluß der Bauarbeiten fällt zusammen mit dem Ableben des Kardinals Alexander Farnese 1589.

Auf Michelangelo geht das mächtig vorkragende Dachgesims der Fassade zurück, die Anbringung des großen Farnese-Wappens über dem Mittelfenster im ersten Obergeschoß und die Veränderung von Sangallos Entwurf für den Hof: er verzichtet auf übereinandergesetzte Arkaden zugunsten von großen Fenstern, die im ersten Obergeschoß jeweils von einem Dreiecksgiebel, im zweiten von einem Bogensegmentgiebel überragt werden und dazu von einem Zwischengesims, auf dem Girlanden einen Stierkopf rahmen – ein typisches, der Antike entlehntes Michelangelo-Motiv.

Die Fassade ihrerseits bewahrt die von Sangallo angestrebte Schlichtheit, Eleganz und Höhenwirkung; die Einfachheit der Linien bildet einen Kontrast zum stärker das dekorative Element betonenden Charakter von Michelangelos Innenhof. Auf die auf Konsolen ruhenden Fenster im Erdgeschoß folgen zwei Reihen völlig symmetrisch angelegter, aber auf architektonische Ordnung verzichtender Fenster, bei denen lediglich im ersten Obergeschoß ein Wechsel zwischen Dreiecks- und Bogengiebeln vorgenommen wurde. Der massige und imposante Eindruck des Palastes, der so viele auf die Piazza Farnese tretende Besucher überrascht, galt bald für alle römischen Paläste als erwünschter Effekt.

Als 1550 Kardinal Ranuccio Farnese den Familiensitz erbte, beauftragte er den Maler Francesco Salviati, dem bei seinem Tode 1563 die Brüder Zuccari folgten, mit der Ausschmückung des großen

Links gegenüber und ganz oben
Die illusionistische Deckenmalerei der berühmten Carracci-Galerie bricht mit allen bisher geltenden malerischen Gesetzen.

Oben
Der Saal der Herkules-Arbeiten mit (im Vordergrund) der antiken, in Rom ausgegrabenen Kolossalstatue des Gottes.

Vorhergehende Doppelseite
Die Loggia der Gartenfront.

Seite 66 oben
Die von Michelangelo veränderte Fassade des Innenhofes.

Vorhergehende Doppelseite
In der einen Hand den rebenumkränzten Thyrsusstab, in der anderen eine große Traube, nimmt der triumphierende Bacchus, begleitet von Ariane, teil am fröhlichen Zug trunkener Silene und musizierender Bacchantinnen.

Oben
Die hohen Wände des Saales der Herkules-Arbeiten sind geschmückt mit antiken Büsten und mit Wandteppichen, denen als Vorlagen die Fresken Raffaels in den Stanzen des Vatikans dienten.

Oben rechts
Eingerahmt von den bemerkenswerten, in Grisaillemalerei perfekt Skulpturen nachahmenden Hermen des Annibale Carracci, bemüht sich Jupiter, seine Gemahlin Juno zu besänftigen; an deren Seite ihr „Wappentier", der Pfau.

Saals im ersten Stock, dessen Balkon über dem Hauptportal die Fassade betont. Dieser „Saal des Farnesischen Ruhms" stellt große Taten berühmter farnesischer Vorfahren seit dem 14. Jahrhundert bedeutenden Ereignissen während des Pontifikats Paul III. gegenüber. Ranuccio der Ältere, Söldnerführer in päpstlichen Diensten, wird als Vorläufer des gleichnamigen Kardinals verherrlicht. Ihm ist die ganze Nordwand gewidmet, auf der seine kriegerische Heroengestalt, dargestellt nach dem Vorbild von Michelangelos Statue des Giuliano de' Medici in der Kapelle von San Lorenzo in Florenz, die Bildmitte beherrscht.

Nach dem Tode des Kardinals Alexander beschließt sein Neffe, Kardinal Odoardo Farnese, die unter seinen Vorgängern begonnene Ausmalung im ersten Obergeschoß fortführen zu lassen. Er holt sich dafür aus Bologna, wo ihr Ruhm ohnegleichen ist, die Brüder Annibale und Agostino Carracci und gibt ihnen den Auftrag zur Ausschmückung der Großen Galerie.

Die geniale Anlage der Deckenbemalung durch Annibale Carracci vermittelt den Eindruck, als ob die Wandfläche sich vergrößere: über dem echten Deckengesims malt er ein zweites, das getragen wird von gemalten Hermen, die perfekt Marmorstatuen vortäuschen. In die dazwischenliegenden scheinbaren „Öffnungen" setzt er Medaillons, deren grüner Grundton gelungen die Patina von Bronzearbeiten nachahmt, im Wechsel mit Gemälden, deren schwere Goldrahmen den Eindruck vermitteln, als ob gerahmte Bilder gleich-

Oben
An der Nordseite des „Saales des Farnesischen Ruhms“ stellte Salviati bedeutende Ereignisse aus der Regierungszeit des Papstes Paul III. dar, der in der Mitte des Bildes thront.

Links
Zu beiden Seiten des mächtigen Marmorkamins ruhen zwei Kopien der allegorischen Figuren, die Michelangelo für das Grabmal Pauls III. meißelte.

mäßig über die Gesimszone verteilt seien. Die Szenen sind bevölkert mit Darstellungen der weitgehend nackten Göttinnen und Götter des Olymp und feiern bewegt den Triumph der Liebe.

Im zweiten Obergeschoß findet sich noch heute die prächtige, im Verlaufe der Jahrhunderte zusammengetragene Bibliothek der Farnese, auch wenn ein großer Teil der Bände nach Neapel verbracht wurde, nachdem 1714 die letzte Farnese, Elisabeth, einen Bourbonen der dort regierenden Linie geheiratet hatte. Ein gleiches Schicksal traf die wertvolle Sammlung von Gemälden, Zeichnungen und Werken der Antike, zu denen viele Künstler freien Zugang gehabt hatten, um sie als Quelle der Inspiration zu nutzen. Einigen von ihnen, wie etwa El Greco oder den Brüdern Carracci, hatte man sogar Wohnräume im obersten Geschoß des Gebäudes eingeräumt.

Nach dem Tode des Kardinals Odoardo im Jahre 1626 war der Palast nicht mehr Residenz der Farnese, sondern diente als Sitz der Botschaften von Parma und Piacenza, später des Königreichs Neapel in Rom. Von dieser Zeit an wurde der Palast stets zu repräsentativen Zwecken genutzt; man brachte dort besonders bedeutende Gäste unter, ehe er dann Ende des 19. Jahrhunderts Sitz der französischen Botschaft bei der Republik Italien wurde.

Links
Der mittlere Torbogen der rückwärtigen Front liegt genau in der Perspektivlinie des Haupteingangs zur Palastanlage.

Links gegenüber
Inmitten einer Scheinarchitektur aus vorgetäuschten gerahmten Bildern, Bronzemedaillons und Skulpturen in Grisailletechnik bemüht sich der Zyklop Polyphem, die schöne Galatea zu umgarnen.

Der Palazzo Ricci-Sacchetti

Dank seiner Einnahmen als Architekt der Peterskirche konnte Antonio da Sangallo d.J. 1542 dem Domkapitel ein Grundstück an der Via Giulia abkaufen, um sich darauf einen Wohnsitz für die eigene Familie zu errichten. Er wählt dafür die Form eines Würfels wie bei seinem Entwurf für den Palazzo Farnese; die vier Seiten schließen sich um einen quadratischen Hof, auf den sich zwei Loggien öffnen. Die Fassadenfenster im Erdgeschoß ruhen auf mächtigen Konsolen in der Form gebeugter Knie, und die Bossenquader an den Gebäudeecken in bewußtem Kontrast zum Backstein der Flachen betonen im Verein mit ihnen die Eleganz des für Sangallo typischen Stils. An der linken Außenfront des Baus sieht man noch die heute vermauerten Bogenöffnungen, in denen seinerzeit die Eingänge zu kleinen Läden lagen.

Ursprünglich waren die Abmessungen des von Sangallo entworfenen Baus noch bescheidener als jene, die ihm Ende des 16. Jahrhunderts die Familie Ricci gab: der Architekt hatte lediglich zwei Obergeschosse mit einer Attika und insgesamt drei Ordnungen von je fünf Fenstern vorgesehen. Die Fassade war einst mit dem Wappen Pauls III. geschmückt als Ehrung Sangallos gegenüber seinem regierenden Mäzen. Nach dem Tode des Baumeisters 1546 bewohnte sein Sohn noch einige Jahre das Palais, ehe er es 1552 an den Kardinal Giovanni Ricci veräußerte.

Dieser durfte sich der schönen Posten eines geheimen Schatzmeisters von Julius III. und Majordomus des Kardinals Alexander

Oben
Ein Brunnen mit einer Maske setzt an der Via Giulia einen heiteren Akzent.

Links gegenüber
Ein schönes Parterre „auf italienische Art", besetzt mit Zitrusbäumen in Tontöpfen, schmückt den Garten des Palazzo Ricci-Sacchetti.

Farnese erfreuen und wünschte sich einen seinem Rang entsprechenden Wohnsitz. Daher veranlaßte er sogleich nach dem Kauf eine anspruchsvolle Verschönerung der Innenräume unter Leitung des überaus begabten Michelangelo-Schülers Francesco Salviati, der zu dieser Zeit auch mit den Fresken im Palazzo Farnese beschäftigt war und zum Repräsentanten einer manieristischen Malerei wurde, die damals in Rom sehr in Mode war. An den hohen Wänden des Hauptsaales, „Globensaal" genannt wegen der beiden dort aufgestellten erstaunlichen Globen aus dem 16. Jahrhundert, einem Erd- und einem Himmelsglobus, entfaltet Salviati voller Raffinesse und Phantasie ein verblüffendes malerisches Ensemble mit einer Häufung augentäuscherischer Effekte. Seine Malerei vereint illusionistische Architekturelemente und Skulpturen sowie fingierte Wandteppiche mit Gemälden, die auch nur scheinbar gerahmt wirken. Mit sorgfältig gestalteten Kompositionen – und zumindest jenen, die nicht überfrachtet erscheinen – beweist Salviati in der Darstellung von Szenen aus der Geschichte von König David mit zahlreichen monumentalen, manieristisch dargestellten Figuren seine Meisterschaft in der Technik der Malerei, die Michelangelo vieles zu danken hat. Die beiderseits je vier in Form einer Enfilade von diesem Salon ausgehenden Räume sind dann ihrerseits geschmückt mit gemalten, von Stuckfiguren gegliederten Friesen, geschaffen von dem französischen Maler und Stukkateur Ponce, der Salviati während dessen Frankreichaufenthalts in den Jahren 1554 und 1555 vertrat. Geschichten aus dem Alten Testanent folgen Szenen aus der Legende von Romulus und Remus und den Abenteuern des Odysseus.

Unten
Dieser mächtige Frauenkopf beherrscht die Grotte, die den Garten beschließt.

Rechts
Mit besonderer Liebe widmete sich Sangallo den Details an der Fassade seines Wohnhauses.

Oben
Der ummauerte Garten mit den vier quadratischen, um einen kleinen Brunnen in der Mitte angeordneten Parterren bewahrt die Schlichtheit der Humanistengärten des 16. Jahrhunderts.

Oben
Einer der Säle des Palastes mit seiner typischen Kassettendecke und darunter einem Fries mit der Darstellung der Abenteuer des Odysseus.

Rechts gegenüber, oben
Die Propheten und Sybillen sind Kopien der Darstellungen Michelangelos in der Wölbung der Sixtinischen Kapelle.

Rechts gegenüber, unten
In die mit den antiken Statuen der Sammlung Ricci geschmückte Galerie lädt noch heute Marquese Sacchetti zu Festessen ein.

Vorhergehende Doppelseite
Im sogenannten Globensaal bewies Salviati in seinen Kompositionen seine außerordentliche Beherrschung aller malerischen Techniken.

Nur wenige Monate später erwarb dann Kardinal Ricci 1553 das Gebäude direkt daneben. Die Erweiterungsbauten übertrug er Nanni di Baccio Bigio, einem Mitarbeiter Antonio da Sangallos, dem er einige Jahre später auch die Planung für den für ihn errichteten Palazzo Medici anvertrauen wird. Der ursprüngliche Bau wird nun nach beiden Seiten verlängert, was zu einer Ergänzung um ein sechstes Fenster auf jeder Etage, zur Versetzung des Hauptportals und zu einer Vergrößerung des Innenhofes führt. Kardinal Ricci bewohnt zwar den Palast bis zu seinem Tode im Jahre 1574, macht ihn aber zu einem Spekulationsobjekt, indem er ihn zunächst an seinen Neffen, dann an den Herzog von Terranova verkauft und ihn schließlich von diesem zurückerwirbt, wobei er stets alleiniger Mieter bleibt.

1576 schließlich geht der Palast aus den Händen der Ricci an die Ceoli über, die ihn, neu im mächtigen Bankwesen Roms, als Sitz für ihre Aktivitäten erwerben. Tiberio Ceoli sorgt für eine erneute Erweiterung, indem er dem Gebäude zwei Flügel in Richtung auf den Tiber anfügt, die einen kleinen umschlossenen Garten eingrenzen, und ihm eine weitere Etage aufsetzt. Propheten und Sybillen, die als perfekte Kopien der Figuren Michelangelos in den Gewölbekuppeln der Sixtinischen Kapelle Zeugnis ablegen vom entscheidenden Einfluß des manieristischen Stils Michelangelos auf die Malerei in dieser zweiten Hälfte des 16. Jahrhunderts, zieren die Wände dieser Großen Galerie. Die Vielfalt der Stuckornamente und die reichliche Verwendung der Vergoldung sowohl in den Bilderrahmen als auch bei den Drapierungen der Putten, die stolz das Wappen

Links gegenüber
Aus ihrem Fenster beobachtet die Tochter von König Saul den tanzenden König David, der die Bundeslade in seine Stadt führt.

Links
Die während der Renaissance bei Ausgrabungen wiederentdeckten antiken Statuen, wie dieser Zymbelspieler mit seiner prachtvollen Muskulatur, beeinflußten ganz entscheidend die Gestaltung von Figuren durch die Maler der Zeit.

der Sacchetti halten, sind typisch für die Vorliebe dieser Epoche für aufwendige und elegante Dekorationen. Aufgrund finanzieller Schwierigkeiten mußten dann zu Beginn des 17. Jahrhunderts die antiken Statuen, welche die Nischen schmückten, an die päpstlichen Antikensammlungen des Vatikans verkauft werden und wurden durch Gipsabgüsse ersetzt. 1608 mußte sich dann Tiberio Ceoli von dem Palast trennen und veräußerte ihn an den Kardinal Acquaviva, der seinerseits für einige Veränderungen sorgte, so etwa den Bau einer Kapelle unter der Hofloggia, deren Kuppel und Laterne den Stil Pietro da Cortonas zeigen, der sie entworfen haben soll. 1649 ging dann der Palast an die Marquesi Sacchetti über, die sich noch heute seines Besitzes erfreuen dürfen. So ist der unverändert erhaltene Palazzo Ricci-Sacchetti noch jetzt eine der schönsten Zierden der prächtigen Villa Giulia.

Die Villa unter dem Einfluss des Manierismus

In der zweiten Hälfte des 16. Jahrhunderts entwickelt sich eine neue Stilrichtung, die mit ihrer überbordenden Phantasie eine gewisse Abkehr von den strengen, von Bramante und Raffael durchgesetzten Regeln in der Nachahmung der Antike mit sich bringt. Dieser Manierismus schätzt Mischungen von Materialien und Stilen: weißer Marmor für Statuen, vielfarbiger und bunt geäderter Marmor für Säulen, Stuck und Vergoldung für die Gewölbe, Fresken an den Wänden, Mosaiken und Gestaltungen mit Muscheln für die künstlichen Grotten in den Gärten. Alle diese Elemente verschmelzen in raffinierten und eleganten Kompositionen, die geprägt sind von der Neigung zum Illusionistischen. Der Manierismus strebt nach Überraschungseffekten und Vielgestaltigkeit der Komposition und kombiniert gerne Formen mit eigentlich gegenläufiger Tendenz.

Seit Michelangelo dem Palazzo Farnese das reich geschmückte Kranzgesims aufgesetzt hat, erobert der plastische Schmuck mehr und mehr die Fassaden der römischen Paläste, an denen sich nun korinthische Kapitelle mit üppigem Blattdekor, Karyatiden mit schwellenden Formen, geschweifte Kartuschen und Rocaillen, groteske Masken, Wappen und Friese mit feisten Putten und überquellenden Girlanden finden. Die Architekten streben nach malerischen Effekten, indem sie sorgfältig die Anordnung von Pilastern und Säulen planen und den Wechsel von gefüllten und leeren Flächen vervielfachen.

Vignola ist der erste Baumeister, der sich in gewissem Umfang von den Prinzipien der Nachfolge der Antike befreit. In diesem Sinne ist der von ihm für Papst Julius III. an den Hängen der Parioli-Hügel erbaute Palast ein für die Entwicklung der Villenarchitektur wichtiges Übergangswerk. Der eher „häusliche" Papst Julius III. schätzte Aufenthalte außerhalb Roms nicht sonderlich und zog es vor, sich in die prächtige Villa in Rom selbst zurückzuziehen, die seinen Namen trägt: die Villa Giulia. Hier konnte er in der Intimät seines privaten Nymphäums ganz nach Belieben die Annehmlichkeiten der Thermalkur genießen, von denen er sich die Linderung von der Gicht erhoffen durfte, die ihn plagte.

Oben
Im Manierismus werden die Stuckrahmen um die Gemälde immer ausladender und sogar mit Grotesken geschmückt.

Links
An der Fassade des Palazzo Madama sind die Fenster durch Stuckeinrahmungen in üppigen Formen hervorgehoben.

Unten links
Nischen und Stuckdekorationen betonen das Wechselspiel zwischen leeren und gefüllten Flächen und vervielfachen die Effekte von Licht und Schatten auf den Marmorstatuen.

Unten rechts
Das Nymphäum der Villa Giulia bietet ein besonders ausgeprägtes Beispiel für die im Manierismus so geschätzte Verbindung unterschiedlicher Materialien: Mosaiken, Marmor, Stein und Stuck ergänzen sich in immer neuen Variationen.

Die Villa Giulia

Bald nach seiner zumindest unerwarteten Wahl zum Papst im Jahre 1550 wandte der Kardinal Giovanni Maria Ciocchi del Monte, nunmehr Julius III., seiner vom Onkel ererbten *Vigna* auf der Höhe der Parioli-Hügel verstärktes Interesse zu. Denn sie bot, im Gegensatz zu einem anderen Bau, an dessen Errichtung in der Heimat seiner Familie er zunächst gedacht hatte, den unschätzbaren Vorteil der Nähe zum Vatikan. Und so beschränkte sich der neue Papst während der auf seine Thronerhebung folgenden Jahre auf die Vergrößerung und Verschönerung dieses Ruhesitzes.

Die sogenannte *Vigna vecchia* wurde alsbald durch Zukauf von Gelände erweitert, das sich von den Parioli-Hügeln im Norden bis zur Via Flaminia im Westen erstreckte und auf dem auf der Höhe die *Vigna del Monte*, im Tal die *Vigna da basso* und schließlich auf einem kleinen Landstreifen zwischen dem Tiber und der Via Flaminia, der dem Papst die direkte Anfahrt vom Vatikan mit dem Boot ermöglichte, die *Vigna del Porto* entstanden.

Bald konzentrierten sich die Anstrengungen auf die Errichtung der neuen Villa, die ganz im Sinne eines der Erholung dienenden *Casinos* geplant und auf die entsprechenden Vorlieben des Papstes ausgerichtet wurde. Die Villa war dem Tibertal zugewandt, das hier bald selbst wegen des prächtigen päpstlichen Sommersitzes das „julische Tal" genannt wurde. Die 1551 begonnenen Arbeiten kamen in Rekordzeit zum Abschluß. Nicht weniger als drei Architekten, nämlich Giorgio Vasari, Vignola und Bartolomeo Ammanati, waren an dem Projekt beteiligt, und zu seiner Ausschmückung trug eine ganze

Vorhergehende Doppelseite
Die Vorderfront der Villa Giulia mit dem mächtigen, von Bossierungen gerahmten Portal, einer Schöpfung Vignolas.

Oben
Aus der Loggia im ersten Hof blickt man hinunter in das großartige Nymphäum, dessen Mosaikboden Darstellungen von Meeresgottheiten schmückt.

Rechts oben
Hinter den Karyatiden mit ihren üppigen Formen sprudelt die Quelle, die das Nymphäum mit Wasser versorgt und von der sich Papst Julius III. Linderung der Gichtschmerzen versprach.

Rechts unten
Vom Balkon im Obergeschoß schweifte der Blick des Papstes in das Tibertal, das man zu seiner Zeit nach ihm benannte.

Heerschar von Malern und Stukkateuren bei, darunter Prospero Fontana, Taddeo Zuccari und Federico Brandani.

Mit dem Entwurf für die Villa war zunächst zweifellos Giorgio Vasari betraut, doch er wurde aufgrund von Differenzen mit dem Papst ersetzt durch Vignola, der freilich, nach einer Ausbildung als Maler in Bologna, erst seit kurzen auch als Architekt tätig war. Man darf Vignola als den eigentlichen Schöpfer der dann tatsächlich entstandenen Anlage betrachten. Die Villa Giulia wurde für ihn sozusagen zum Experimentierfeld für seine Überlegungen zu den Prinzipien der klassischen Architektur, die dann einige Jahre später ihren Niederschlag finden in seiner Veröffentlichung *Regel der fünf Ordnungen der Architektur*, das alsbald zum unerläßlichen Nachschlagewerk für alle Renaissancebaumeister wird. Er ist auch zuständig für das

Bewässerungssystem der Villa Giulia und hat dafür zu sorgen, daß das Wasser der Acqua-Vergine-Quelle oben auf dem Hügel in die Villa geführt wird. Dem Bildhauer Ammanati fällt die Aufgabe für Entwurf und Ausstattung des Glanzstückes der Villa zu: des Nymphäums.

Der Grundriß der Villa verbindet zwei geometrische Grundfiguren, die immer wieder aufeinander folgen: das Quadrat und den Halbkreis. Die scheinbare Klarheit dieses Grundplans zu beiden Seiten einer Mittelachse verbirgt jedoch in Wirklichkeit eine höchst komplexe Innengliederung. Die Perspektivachse ist nämlich keineswegs auf den ersten Blick zu erkennen, weil die Gesamtanlage gar nicht mit einem Blick zu erfassen ist. Das Hauptgebäude ist ein eher streng wirkender zweistöckiger Bau, bei dem sich das Hauptaugenmerk sogleich auf das gewaltige Eingangstor mit Bossenrahmung und zwei Seitennischen richtet, die sich im Stockwerk darüber wiederholen. An dieses nicht sehr tiefe Gebäude, das nur je drei Räume pro Stockwerk enthält, schließen sich zwei symmetrische, nach hinten gerichtete, eingerückte große Flügel mit Treppen und Zimmern an. Die Decken der beiden von Taddeo Zuccari ausgeschmückten Räume im Erdgeschoß zeigen Gelage von Göttern und Göttinnen, Züge von Nymphen und andere bacchantische Szenen mit Bezug auf das intensive gesellige Leben in der Villa, die ganz den epikureischen Freuden gewidmet war. In den Friesen der drei Räume im Obergeschoß, die Prospero Fontana ausmalte, wechseln Ansichten von Rom mit mythologischen Szenen; auf die jeweiligen Themen gehen die poetischen Bezeichnungen „Raum der Jahreszeiten", „Raum der Sieben Hügel", „Raum der Künste und Wissenschaften" zurück.

Durch das Vestibül gelangt man vor die rückwärtige Fassade, die sich in zwei langen, gekurvten Armen mit Reihungen eleganter, von ionischen Kapitellen bekrönter Säulen weit auf einen Hof öffnet. Die Wölbung dieser Portiken ist ausgemalt mit einer vorgetäuschten Pergola aus Bambusrohren, in der sich schelmische Putten tummeln, die entweder dem Besucher Blumen zuwerfen – oder ihn auch von oben bepinkeln!

Die Mittelallee eines großen, halbkreisförmigen Hofes mit quadratischen, einst von großen Bäumen gesäumten Parterren führt zu einer rückwärtigen Mauer, in die wiederum eine Loggia mit einem dreiteiligen Durchgang eingefügt ist. Wie ein antiker Triumphbogen war sie einst großartig geschmückt mit Reliefs und Büsten römischer Kaiser aus der berühmten Antikensammlung von Papst Julius III. Diese 300 Statuen, Reliefs, Vasen und Zierbecken waren nicht, wie sonst üblich, in Ausstellungsform der Öffentlichkeit zugänglich, sondern eingegliedert in die Gesamtstruktur der Anlage. Diese Loggia ist eine Art von weitem, allseitig geöffnetem Vestibül, das auf subtile Weise die Verbindung zwischen dem ersten und dem zweiten Hof herstellt. Ihr Kreuzgewölbe ruht

Ganz links
Die Parterre des an die Villa anschließenden Gartens sind in ihrer Geradlinigkeit dem architektonischen Ebenmaß der Baulichkeiten angepaßt.

Oben
Die Wölbung der Loggia sorgt mit ihrer Ausmalung als Pergola, in der fröhliche Putten herumalbern, für eine ländliche Stimmung.

Links
Durch das Hauptportal führt der Blick in genauer perspektivischer Achse zur Loggia, die den ersten Hof beschließt.

auf eleganten Säulen aus farbigem, fein geädertem Marmor, der im Licht der untergehenden Sonne zu vibrieren scheint.

Über zwei gekurvte Treppenrampen, die sanft abfallend das Halbrund des zweiten Hofes beschließen, gelangt man auf eine niedriger gelegene Ebene, in die wiederum eine dritte Ebene eingetieft ist, auf der sich das Nymphäum befindet. Die Umgrenzung des Nymphäums, ebenfalls in Halbkreisform, ist besetzt mit einer schönen Steinbalustrade, von der aus man das prächtige Fächermotiv aus gelbem und grünem Marmor im Hintergrund dieses „Wassertheaters" bewundern kann. Hinter der halbrunden Abschlußkante um diesen Marmorboden befindet sich der Zufluß der Acqua-Vergine-Quelle. Vier Karyatiden umstehen feierlich diesen Born, der dem Papst Linderung der schmerzenden Gicht brachte. Hinter ihnen liegt der Eingang zu einem Labyrinth von Wandelgängen, die ehemals mit mythologischen

Oben
Die Skulptur eines lässig ausgestreckten Flußgottes, der sich gerade anzuschicken scheint, die aus seinem Füllhorn quellenden Früchte zu verteilen.

Links
Die elegante Loggia, welche die Verbindung zwischen dem ersten und dem zweiten Hof herstellt, ist eingefaßt mit fein gestalteten antiken Reliefs.

Fresken und Stukkaturen von der Hand Ammanatis geschmückt waren. Die den Hof beschließende Mauer öffnet sich in einer nach dem Architekten Sebastiano Serlio benannten *Serliana* (auch Palladio-Motiv genannt), durch welche vor dem blauen Himmel die Bäume des zweiten Gartens zu sehen sind. Leider ist seine kostbare Stuckdekoration mit Trophäen, Efeuranken und Olivenzweigen, die einstmals die Pilaster, Bögen und Simse schmückte, nicht mehr erhalten.

Julius III. scheint insbesondere das Nymphäum geliebt zu haben, wo er prachtvolle Bankette veranstaltete. Hier beschloß er auch als Opfer der Gicht, unter der er so sehr zu leiden hatte, zu Beginn des Jahres 1555 sein Leben. Seinen Erben nahm die Verwaltung des Kirchenstaates das Besitztum ab, und sie verfügte auch, daß nahezu der gesamte Bestand an antiken Stücken in die Vatikanischen Museen verbracht wurde. Im 17. Jahrhundert diente die Villa als Wohnsitz für bedeutende Besucher, darunter Königin Christine von Schweden. 1887 wurde sie dann von der italienischen Regierung angekauft, und heute ist sie Sitz des Etruskischen Museums.

Oben
An der Decke dieses kürzlich renovierten Saales stellte der Maler Ammanati Szenen aus der Mythologie der olympischen Gottheiten dar.

Rechts
Die Reliefs aus der Antikensammlung von Papst Julius III. sind in die architektonische Gesamtgestaltung der Baulichkeiten einbezogen.

Oben
In der aufgemalten Pergola der Loggia streiten sich hier ein Putto und ein kleiner Satyr um eine Weintraube.

Der „Heilige Hain“ von Bomarzo

Oben
Riesentiere und Fabelwesen säumen die Alleen im Park von Bomarzo.

Links gegenüber
Das bewußt schräg gebaute „Schiefe Haus“ legt Zeugnis ab von den ausgefallenen Ideen des Fürsten Orsini.

Der gleiche spielerische und poetische Geist, der sich im Nymphäum der Villa Giulia darin ausdrückt, daß man Karyatiden zu Wächterinnen einer Quelle bestimmt, wirkt zur gleichen Zeit erst recht und voll und ganz in einem in der Umgebung Roms gelegenen Park, der als gefühlsbetonte Huldigung der Naturkräfte entworfen wurde.

Als Rückzugsort vom ausschweifenden Treiben Roms, wo ihn seine junge Gemahlin Giulia Farnese mit dem Skandalpapst aus dem Hause Borgia, Alexander VI., vor den Augen des ganzen römischen Adels betrog, legte Vicino Orsini, einem der ältesten Geschlechter Roms entstammend, in der Herkunftsgemeinde der Familie, Bomarzo unweit von Viterbo, einen höchst exzentrischen Park an. Um nach seinen eigenen Worten „sein Herz zu erleichtern“, widmete er dreißig Jahre seines Lebens der Schaffung einer ganz ungewöhnlichen Gartenanlage in einem malerischen Tal inmitten von Tuff-Felsen und etruskischen Totenstätten. Hier verteilte er unter Eichen und Kastanienbäumen entlang von Alleen verblüffende steinerne Riesenfiguren von Monstern, die mit den Felsen verwachsen scheinen. Diese Welt von Monstren mit vielen poetischen und literarischen Bezügen legt Zeugnis ab vom kultivierten Geist des Fürsten Orsini. Als enttäuschter Hofmann flüchtete er sich hier in das beschauliche Leben inmitten einer wildromantischen Naturlandschaft, in der nach seiner Meinung gesellschaftliche Rangunterschiede keine Rolle mehr spielten. In Begleitung seiner gebildeten Freunde, darunter der Dichter Annibale Caro, ver-

Oben
Dieser kleine, von der Antike inspirierte Tempel wurde zum Gedenken an die schöne Giulia Orsini errichtet, die flatterhafte Gemahlin des Fürsten Orsini.

Rechts
Auf einer Lichtung, die von einem mit Pinienzapfen bestückten Mäuerchen eingefaßt ist, zeigt ein steinerner Bär den Besuchern das Wappen der Orsini.

setzte er sich hier in die Rolle des nach seiner Geliebten suchenden *Rasenden Rolands* Ariosts und kämpfte in Gedanken mit den legendären Geschöpfen, die hier seinen Weg kreuzten. Angeregt durch die Berichte von Reisenden, welche die Neue Welt durchstreift hatten, ließ sich der Fürst aus diesen unbekannten Gegenden exotische Gewächse schicken und pflanzte sie in seinem Park an. Dieser „Heilige Hain" von Bomarzo ist mit seinen allegorischen Bezügen und seiner geheimnisvollen Stimmung sozusagen der „Anti-Garten" der Renaissance.

Seine Anlage folgt den Geländeformen eines steilen Hügels und zwingt den Besucher zu ständigen Auf- und Abstiegen auf einer Fläche von mehr als drei Hektar mit Höhenunterschieden von dreißig Metern. Jenseits einer kleinen Brücke über einen Wildbach markiert ein fast unpassend wirkender mittelalterlicher Bogen den Eingang zum Park. Dann bleibt der Besucher orientierungslos und ohne Hinweise auf eine bestimmte Streckenführung seinen Entscheidungen überlassen, welchem der zahlreichen, sich vor ihm öffnenden Wege er nun folgen soll. Der Hain bricht damit entschlossen mit den Regeln von Symmetrie und Perpektive, die für eine Villa der Renaissance galten. Die einzigen von der Geometrie bestimmten Räume sind auf der untersten Ebene das sogenannte „Liebestheater" mit der Venusgrotte in der abschließenden Exedra, die rechteckige, von großen, etruskisch geprägten Urnen umsäumte Wiese auf einer Mittelebene und die große Grünfläche des Hippodroms, über der sich auf der Spitze des Hügels ein von der Antike inspirierter Tempel erhebt. Außerhalb dieser Ruheplätze bleibt es dem Besucher überlassen, aufs Geratewohl den Wald zu durchstreifen und dabei auf die bizarrsten Figuren zu stoßen, die ihn bevölkern: Schildkröten, Drachen, Höllenhunde, Elefanten, Harpyen und Menschenfresser.

Von seiner Schöpfung im Jahre 1552 an hat der Park von Bomarzo die Zeitgenossen verwirrt. Sie schätzten weder seine geschlungenen Pfade noch den doch recht erschreckenden Anblick seiner steinernen Ungeheuer, die vom eigenbrötlerischen Geschmack und zerquälten Wesen seines Auftraggebers zeugen. Die Besucher vermißten einen exakten, den unverrückbaren Gesetzen der Symmetrie folgenden Gestaltungsplan, der ihnen Sicherheit gegeben hätte. Verspottet und verhöhnt, verfiel der Park des Fürsten nach dessen Tod 1584 der völligen Vergessenheit, aus der ihn erst wieder die Familie Lante della Rovere riß, die ihn im 17. Jahrhundert erwarb. Nach dem Zweiten Weltkrieg war es vor allem der Papst des Surrealismus, Salvador Dali, der, angezogen von der futuristischen Extravaganz der Skulpturen und der wilden und verlassenen Stimmung des Platzes, das Interesse dafür weckte. Wenig später dann erwärmte sich die Familie Bettini für die Monster des Parks, dem sie seither sorgfältige Pflege angedeihen läßt.

Oben
Dieses steinerne Ungeheuer hat sicher schon manchen Besucher erschreckt.

Gegenüber oben
Auf der Höhe eines Felsvorsprungs thront Neptun als Herrscher über diese geheimnisvolle Welt.

Gegenüber unten
Diese schlafende Nymphe scheint darauf zu warten, daß der Fürst sie aus ihren Träumen erweckt…

DAS GOLDENE ZEITALTER DER RÖMISCHEN VILLA

Im Gegensatz zu seinem Vorgänger Julius III. war Paul IV. eher ein nüchterner, weltabgewandter Papst, ein stolzer Neapolitaner, den glühender Glaubenseifer davon abhielt, sich den Vergnügungen auf einem Sommersitz hinzugeben, und der Erholung in stiller Zurückgezogenheit vorzog. Er begründete den Theatinerorden, und seine Lebensweise war von klösterlichen Idealen geprägt. Während der Sommermonate begibt er sich ins Theatinerkloster San Silvestro al Quirinale, nur von drei oder vier seiner Kammerherren und seinen Gardisten begleitet. Gegen Ende seines Lebens zeigt er auch immer weniger Interesse für die politischen Angelegenheiten des Kirchenstaates und überläßt die Beschäftigung damit seinem Neffen, dem Kardinal Carlo Carafa. Vor dem hektischen Treiben im Vatikan zieht er sich lieber in die ruhige Villa Belvedere zurück. Selbst dort geht es für seinen Geschmack noch zu lebhaft zu, und daher läßt er sich in den Gehölzen des Vatikans ein kleines *Casino* errichten, gerade mal mit einer Loggia, einem Brunnen und ein paar Zimmern ausgestattet. Der Bau ist bei seinem Tode noch nicht fertig und wird erst unter Papst Pius IV. vollendet, der ihn dann freilich weit lebensfroher nutzt…

Pius IV. zeigte vom Beginn seiner Kardinalszeit an eine unveränderlich große Schwäche für Urlaub und Erholung. Er war ein unermüdlicher Reisender und wechselte häufig den Aufenthaltsort. Oft hatten die Kuriere, die in den Diensten der für die Großen Italiens tätigen Spitzel standen, Mühe, den raschen Ortswechseln des Papstes zu folgen. Der Palast in Venedig, die *Vigna* des Kardinals d'Este auf dem Quirinal und die Villa Belvedere in Rom, die reizvollen Sommersitze in Ostia, Frascati, Tivoli und La Magliana: Pius IV. besucht eifrig alle diese ihm zur Verfügung stehenden Residenzen, wechselt gelegentlich täglich seinen Aufenthaltsort und benutzt dabei gerne nacheinander jedes Zimmer eines solchen Sitzes!

Als dann Pius V. auf den Stuhl Petri gelangt, muß sich sein Hof wiederum an ein nüchterneres und den Sommeraufenthalten wenig geneigtes Klima gewöhnen. Der neue Papst, unter Paul IV. zum Leiter der Inquisition bestellt und aus dem Dominikanerorden hervorgegangen, zeigt eine Neigung zu mönchischer Lebensart statt zu heiterem Lebensgenuß. So läßt er aus der Villa Belvedere die „unkeuschen" Statuen der heidnischen Götter, an denen sich sein Vorgänger noch erfreut hatte, entfernen und ebenso das Gestühl für die traditionellen Theateraufführungen, um diese unmöglich zu

Oben
Über die Brunnen, welche die über den bewaldeten Hang des Hügels hinablaufende Hauptallee betonen, schweift der Blick zu den unten gelegenen Parterren der Villa Lante.

Unten
Die „Orgelfontäne" der Villa d'Este beherrscht mit ihren mächtigen Strahlen die großen Wasserflächen der Esplanade.

Oben
Vom oberen Becken vor der *Palazzina* der Palastanlage von Caprarola läuft das Wasser, eingefaßt von zwei Reihen von Delphinen, über eine steinerne Rampe hinunter.

Unten
Das Wasser aus der Bergquelle von Bagnaia beendet seinen Lauf im großen Becken der Parterre.

machen. Der päpstliche Hofstaat ist gezwungen, während der Sommermonate die mörderische Hitze in Rom zu ertragen, weil der Papst zur Verzweiflung seiner Umgebung auch diese Zeit im Vatikanpalast verbringt. Pius V. vertritt die Meinung, die Neigung der Kardinäle zu immer aufwendigeren Sommersitzen widerspreche völlig den religiösen Idealen und fordert sie auf, ein Leben in stärkerem Einklang mit der Heiligen Schrift zu führen.

Seine Mahnungen verhindern allerdings nicht ein weiteres Anwachsen der Lust am Villenbau und der weiteren Verschönerung der Sommerresidenzen. Vignola erweist sich in einer Reihe von architektonischen Experimenten als Meister der Einstellung auf die unterschiedlichsten Gegebenheiten und der Anpassung an die Wünsche der Auftraggeber ebenso wie an Erfordernisse des Geländes. Das dynamische Spannungsverhältnis zwischen Baulichkeiten und Gärten, das er in den Farnesischen Gärten, dem Palazzo Farnese in Caprarola und der Villa Lante in Bagnaia zur Geltung bringt, indem er eine Folge von durch balustradengesäumte Treppenkaskaden verbundenen Terrassen längs einer Hauptachse anlegt, die in direkter Perspektive auf den Palast zuläuft, wird vom Ende des 17. Jahrhunderts an zutiefst die Gartenkunst in Latium prägen.

Vignola nutzt auch, in Konkurrenz mit dem Architekten und Kunsthändler Pirro Ligorio, in den Gartenanlagen geschickt alle Möglichkeiten, die das Wasser bietet: frei fallende oder durch Steinrampen gebändigte Kaskaden, Springbrunnen längs der Alleen, von Statuen bekrönte Brunnen, hydraulische Mechaniken und musikalische Wasserkünste. Pirro Ligorio begründet seinen Ruhm mit der Villa d'Este in Tivoli, deren Terrassengärten und symmetrisch auf großartige Wasserspiele zulaufende Alleen rasch Bewunderung in ganz Europa fanden.

Die Villa d'Este

Zu Beginn des 16. Jahrhunderts steht auf dem Platz, auf dem der Kardinal Hippolyt II. d'Este seine großartige Residenz errichten wird, noch ein bescheidenes Franziskanerkloster. Enttäuscht darüber, daß er wegen seines zu weltlichen Lebens und seiner profranzösischen Neigungen von seinen Kardinalskollegen nicht auf den Stuhl Petri gewählt wurde, beschließt der Kardinal, sich nach Tivoli zurückzuziehen und dort still, doch herrscherlich seine Tage zu verbringen. Er ist ein Liebhaber der Kunst und der Antiquitäten, von feiner Bildung dank langjährigen Aufenthalts am Hofe des französischen Königs und darf als einer der kultiviertesten und feinsinnigsten Männer seiner Zeit betrachtet werden. Zu Pirro Ligorio, dessen erfahrenen Händen er gleich nach dem Ankauf 1550 den Sitz anvertraut, hat er ein Verhältnis des völligen Einvernehmens.

Dieser Architekt, der zugleich Historiker, Maler und Kunsthändler ist und einen bedeutenden Platz im römischen Kulturleben in der zweiten Hälfte des 16. Jahrhunderst einnimmt, entwirft für seinen Auftraggeber ein gelehrt durchdachtes, kunstvolles Ensemble nach dem mythischen Vorbild der Gärten der Hesperiden. Zu Ehren des Kardinals setzt er in die Mitte des Gartens eine Statue des Herkules, jenes Helden, dem es gelang, die berühmten goldenen Äpfel der Hesperiden an sich zu bringen. Die zu dieser Zeit vorgenommenen Ausgrabungen der nahegelegenen Villa Kaiser Hadrians, deren einzelne Teile (Theater, Exedra, Becken und Brunnen) und ihren Bezug zur umgebenden Landschaft Ligorio sorgfältig untersucht, beeinflussen ihn bei seinem Schaffen nachhaltig. Antike, aus

dem Boden geförderte Stücke finden in den Gärten der Villa d'Este Aufstellung, um die Illusion zu vervollständigen.

Während die Gärten im Nordosten sich dem Abhang der Sabinerberge anschmiegen, steigen sie im Nordwesten auf einer steil aufragenden Felsnase abrupt über dem Tal auf. Gewaltige Erdbewegungen waren erforderlich, damit man ausgedehnte Terrassen anlegen konnte, die durch breite Treppenrampen miteinander verbunden sind und unvergeßliche Ausblicke auf die römische Landschaft bieten. Die Gärten sind unterteilt durch zahlreiche breite, von Steineichen gesäumte Alleen, welche die in gerader Linie auf den Haupteingang der Villa zulaufende Mittelachse kreuzen.

Der Eingang zu den Gärten lag ehedem, anders als heute, nicht an der Villa auf der Spitze des Hügels, sondern an der unteren Terrasse. Über eine Nebenstraße, die von der Via Tibur, der alten, von Rom nach Tivoli führenden Römerstraße abzweigte, gelangte man im Nordwesten zu einem monumentalen, von zwei Brunnen flankierten Eingang. Dann kam man auf eine breite Esplanade, die unterteilt wurde von zwei senkrecht dazu verlaufenden Alleen, die von Wein- und Jasminpergolen überspannt und beidseits von vier Myrtenlabyrinthen begleitet waren, in denen strenge Rechtwinkligkeit herrschte. Dieser erste Teil der Gartenanlage, bepflanzt mit aromatischen Kräutern und Blumen, war mit kleinen Pavillons bestückt. Durch eine der Pergolen gelangte man auf eine zweite Terrasse, in die vier große Fischbecken eingetieft waren, ehemals von Vasen umstanden, aus denen Fontänen aufstiegen. Zur lin-

Vorhergehende Doppelseite
Von der hoch aufragenden Terrasse mit dem Architekturtheater der *Rometta* („Klein-Rom"), durchflossen von einem bescheidenen Wasserlauf, der den Tiber repräsentiert, schweift der Blick über das ganze Tal.

Links gegenüber
In den Gärten der Villa wird das Wasser kunstvoll in all seinen Erscheinungsformen eingesetzt: in Becken und Kaskaden, in vielfältigen Wasserspielen und als feiner Regen.

Links
Ganz oben in der Kuppel über der berühmten hydraulischen Orgel versinnbildlicht die Siegesgöttin das glanzvolle Schicksal der Villa d'Este.

Oben
Die eigenartigen Masken entlang der Allee der hundert Brunnen tragen zur phantastischen Atmosphäre dieser Anlage bei, die vom italienischen Dichter Gabriele d'Annunzio besungen wurde.

ken führten zwei ansteigende Alleen zu der berühmten hydraulischen Orgel, bei der ein kunstvoller, die Wasserkraft nutzender Mechanismus musikalische Töne erzeugte.

Über eine von drei parallelen Treppen durchquert man, begleitet vom plätschernden Geräusch der Wasserspiele, den kleinen Hain, der das ovale Becken des Drachenbrunnens umgibt, in dem ein mehrköpfiges Ungeheuer eine mächtige Fontäne in den Himmel steigen läßt, und kommt dann zur berühmten Allee der hundert Brunnen. Auf einer Länge von mehr als einhundertfünfzig Metern spritzt und sprudelt hier das Wasser aus unzähligen Steinskulpturen wie Adlern (den Wappentieren der Este), Lilien (den Emblemen des französischen Königshauses) und Barken (dem Symbol der Kirche) in eine breite Rinne, aus der es dann durch den Mund von Schimärenköpfen in eine zweite Rinne darunter fließt. Wendet man sich nach links, so gelangt man zum Tivoli-Brunnen, einem weiten, halbrunden Becken, hinter dem eine farnüberwucherte, in großen Bögen geöffnete Exedrawand aufsteigt, in deren Mitte sich aus einer mächtigen Schale das Wasser so ergießt, daß es einen regelrechten Vorhang bildet. Hält man sich dagegen rechts, so stößt man bald auf die Architekturspielerei der *Rometta* mit ihren Miniaturnachbildungen der bedeutendsten Bauten des alten Rom, wovon heute freilich nur noch geringe Reste erhalten sind. Über schräge Wege, die den nun stärker ansteigenden letzten Teil der Gartanlage durchschneiden, kommt man schließlich auf die oberste Terrasse, auf der sich die eigentliche Villa erhebt.

Heute liegt der Eingang zu den Gärten hier. Am Ende eines kleinen, vom Ort heraufführenden Sträßchens liegt ein Seiteneingang, und durch ihn betritt man zunächst den Hof, um den herum der Bau angeordnet ist. Dann geht man durch eine Reihe von Räumen, deren Fresken zwar etwas überholt wirken, aber doch von glänzenderen Zeiten künden, und tritt schließlich ins blendende Licht der Terrasse vor der Rückfront des Gebäudes, von wo aus man das ganze Areal dieser riesigen Gartenanlage überschauen kann.

Die unzähligen Wasserspiele der Villa d'Este wurden gespeist durch einen Aquaedukt, der vom Anio her fünfhundert Liter pro Sekunde heranführte. Ihre Gärten erlangten vom ersten Tage an ungeheure Berühmtheit, und dank der zahlreichen Stiche, auf denen sie verewigt wurden, drang ihr Ruf weit über Italien hinaus und auch an die großen Höfe – den Kaiser Maximilians in Wien ebenso wie den der Königin Katharina de' Medici in Paris. Gesandte, Gelehrte und Künstler eilten ebenso herbei wie Schriftsteller, so etwa Montaigne, um mit eigenen Augen diesen Garten der Wunder zu sehen.

Beim Tode des Kardinals 1572 legte zunächst einmal die päpstliche Verwaltung die Hand auf den Besitz. Nach der Rückgabe an die

Ganz oben
Zwischen zwei Karyatiden, deren Beine in Schraubenwindungen übergehen, schildert dieses Relief an der hydraulischen Orgel (oder Wasserorgel) den musikalischen Wettstreit zwischen Apollo und dem Satyr Pan.

Oben
Die Dianagrotte mit ihrer überreichen Dekoration aus Mosaik, Kiesel- und Bimsstein ist typisch für die Nymphäen der Renaissance.

Unten
An der Decke des Mittelsaales im ersten Obergeschoß sind die Götter des Olymp fröhliche Gäste bei der Hochzeit von Amor und Psyche.

Oben
Rätselhafte steinerne Sphinxe schmücken die Treppenpodeste.

Rechts
Hinter den bemosten Bogen des Tivoli-Brunnens kann der Besucher hinter dem vom herabstürzenden Schwall geformten Wasservorhang hindurchgehen.

Unten
Die Allegorie der Allmutter Natur spendet aus zahlreichen Brüsten dem Menschen die Güter der Erde.

Este stellte Kardinal Alexander d'Este bis 1624 den Garten fertig, doch kamen bis Ende des Jahrhunderts durch neue Brunnen hinzu, so die *Fontana del Bicchierone* von P. und G. L. Bernini.

An der Wende vom 18. zum 19. Jahrhundert gelangte durch die Heirat der Erbtochter Maria-Beatrice d'Este mit dem Erzherzog Ferdinand von Österreich der Besitz an die Habsburger, die ihn jedoch verkommen ließen. Eine kurze Epoche der Wiederbelebung ergab sich durch die Vermietung an den Kardinal Gustav von Hohenlohe zwischen 1850 und 1896; er nahm notwendige Restaurierungen vor und ließ Palmen, Libanonzedern und Sequoias pflanzen. Heute verzaubern die Gärten der Villa d'Este, nunmehr im Besitz des italienischen Staates, alljährlich zahlreiche Besucher.

Oben
Ein unechter Brunnen, gestaltet mit Mosaiken und Kieselsteinen wie die Brunnen in den Gärten draußen, ziert den großen Saal im ersten Obergeschoß, den die Brüder Zuccari mit Fresken ausmalten.

Rechts
Die große bemooste Muschel des Bernini zugeschriebenen Bicchierone-Brunnens beschließt direkt unterhalb der Loggia der Villa die Achse der übereinandergesetzten Gartenterrassen.

Oben
In der Allee der hundert Brunnen spritzt und sprudelt oben das Wasser aus flechtenbewachsenen steinernen Adlern, Lilien und Barken, und unten ergießt es sich dann aus dem Munde zahlreicher Masken.

Der Palast von Caprarola

In den ersten Jahren des 16. Jahrhunderts wurde der nachmalige Papst Paul III., damals Kardinal Alexander Farnese, auf Lebenszeit zum Vikar von Ronciglione berufen, einem kleinen Flecken südlich von Viterbo, und bei dieser Gelegenheit kaufte er Francesco Maria della Rovere das Gebiet um Caprarola ab, das wenige Kilometer davon entfernt liegt. Sein Ziel war die Schaffung eines geschlossenen Herrschaftsgebietes, das sich von Ronciglione bis zu den Erbgütern der Familie um den Bolsenasee weiter nördlich erstrecken sollte, um den Farnese, deren Bedeutung in der römischen Gesellschaft wuchs, als Rückhalt zu dienen. Angesichts der Adelskämpfe, die damals noch Italien durchtobten, hatte er Caprarola die Rolle eines befestigten Stützpunkts zugedacht und ließ daher zwischen 1515 und 1520 von Antonio da Sangallo d.J. an der höchsten Stelle des Ortes eine Festung erbauen.

Die weiteren Arbeiten daran werden jedoch 1534 unterbrochen, als der Kardinal Farnese den Stuhl Petri besteigt; von nun an hat er andere Interessen. Sein gleichnamiger Enkel jedoch läßt nach dem Tode des Papstes in den Jahren 1556 bis 1558 die Bautätigkeit wieder aufleben. Nachdem aber die Stellung der Farnese durch den Nepotismus des Papstes erheblich gestärkt worden war und sich außerdem der Herrschaftsmittelpunkt in die Stadt Castro verlagert hatte, trat die militärische Bedeutung der Schöpfung Sangallos in den Hintergrund, und die Festung konnte in einen Sommersitz umgewandelt werden, was auch den neuen Zeitläuften viel mehr entsprach.

Den wehrhaften Charakter der ursprünglichen Anlage kann auch der Umgestaltungsplan des „Hofarchitekten“ der Farnese nicht völlig

Oben
Einer der beiden Gärten, die noch heute vor der rückwärtigen Front des Palastes liegen.

Vorhergehende Doppelseite
Vignola verlieh dem Palast von Caprarola eine geradezu bühnenhafte Wirkung.

Seite 115 oben
Vom Balkon im ersten Stock überblickt man die Häuser des Ortes und dahinter das ehemalige Herrschaftsgebiet der Farnese.

Rechts
Über den Parterren der *Palazzina* steigt diese von Delphinen gesäumte Rampe zur Terrasse vor der Rückfront auf.

Gegenüber, oben
Die Rückwand des Brunnens im Saal der Herkulesarbeiten schmückt eine Ansicht Roms.

Gegenüber, Mitte
Dieser Flußgott sitzt oben an der Steinrampe, die zur *Palazzina* führt.

Gegenüber, unten
Die Rosenpergola ist ein traditioneller Bestandteil des italienischen Gartens.

vertuschen. Vignola erzeugt mit seinem Entwurf eine nahezu bühnenbildhafte Wirkung des hoch über Caprarola aufragenden Palastes, wobei er in seine „Inszenierung" den Ort selbst gleich mit einbezieht. Der Bau beherrscht von dem Felssporn aus, auf dem er errichtet wurde, die Siedlung drunten, und der Besucher, der sich ihm auf deren Hauptstraße nähert, hat rasch den Eindruck, von seiner Masse förmlich erschlagen zu werden. Gemäß dem Verlangen des Kardinals Farnese baute Vignola gleich den ganzen Ort neu und legte dabei genau in der Achse des Palasteingangs die Hauptstraße an, die den Ort in zwei Teile trennt. Die Zuteilung der Häuser zu ihren beiden Seiten war streng auf den Rang der Bewohner ausgerichtet: die der Honoratioren lagen entsprechend näher am Palast als die der anderen…

Der Besucher, der ehemals zu Pferd oder in der Kutsche am Ende der Hauptstraße des Fleckens angelangt war, konnte noch über eine erste Serie gekurvter Rampen bis zu einer breiten Esplanade hinaufreiten oder -fahren. Hier mußte er dann auf jedes Transportmittel verzichten und zu Fuß zwei weitere, nun gerade Rampen erklimmen, um vor die Schwelle der Kardinalsbehausung auf einer zweiten Terrasse zu gelangen, auf der er verschnaufen und dabei den prächtigen Blick über den Ort und sein Umland genießen konnte. Um mit einem derartigen Anstieg imponieren zu können, mußte man schon zu den bedeutendsten der Kardinäle gehören.

Vignola behielt die Grundmauern der von Sangallo entworfenen Fstung bei, und mit den von tiefen Gräben umgebenen Bastionen und den bossierten Untergeschossen macht auch der neue Palast noch einen wehrhaften Eindruck. Von den die Gräben überspannenden Zugbrücken, die einstmals den Zugang ermöglichten, blieben nur jene erhalten, über die man in die beiden Gärten an der Rückfronmt des Palastes gelangt. Auch der fünfeckige Grundriß, den Sangallo für den Bau gewählt hatte, wurde von Vignola nicht verändert.

Der allerdings zeichnet verantwortlich für eine völlig neue, durchdachte Raumeinteilung unter Berücksichtigung der repräsentativen oder privaten Nutzung. Sämtliche Repräsentationsräume, wie der Saal der Herkulesarbeiten, der Prunksaal und der Saal der Weltkarten, alle groß dimensioniert, sind zur Fassade hin ausgerichtet und haben direkten Zugang zur Loggia im großen runden Innenhof. Im Gegensatz dazu sind die wesentlich kleineren Privaträume für Sommer- und Winteraufenthalt des Kardinals an die Rückseite des Gebäudes verlegt. Die Fassade entspricht ganz dem typischen Zeitgeschmack der späten Renaissance: im Hauptgeschoß in großen Rundbogenarkaden nach außen geöffnet, in den Stockwerken darüber mit vielen kleinen Fenstern versehen, ist sie gegliedert durch elegante Pilaster mit korinthischen Kapitellen.

FRANCISCVS · GALLIAR
COMPRIMENDAE · DEFECTION
ET · ALEXANDRVM · FA
DE · REBVS · LEGAT
AMPLISSIMO · APPARAT

Die beiden Brüder Zuccari und ihr Vater haben sich in diese Darstellung des *Einzugs in Paris* (1540) an einer Wand des Prunksaals als Träger des Baldachins eingeschmuggelt, der den deutschen Kaiser Karl V., den französischen König Franz I. und den Kardinal Alexander Farnese vor der Sonne schützen soll.

Oben und rechts gegenüber
Die berühmte Wendeltreppe (Scala Regia) mit ihren Doppelsäulen ist geschmückt mit den Lilien der Farnese.

Durch den Saal der Garden im Erdgeschoß erreicht der Besucher die außergewöhnliche Wendeltreppe, die Vignola entwarf und die man wie die von Bramante erbaute Treppe im Vatikan Scala Regia nennt; sie wird von schlanken Doppelsäulen getragen, und ihren Architrav schmücken Lilien, die Wappenblume der Farnese. Oben angelangt, tritt er auf die ganz mit Fresken ausgeschmückte Loggia hinaus, die den großen runden Innenhof umläuft, der sich zum Himmel öffnet.

Eine erste Türe rechts führt ihn dann in den Herkulessaal, der im hellen Licht liegt, das durch die heute verglasten großen Arkadenöffnungen hereinfällt. Vom Balkon aus, der hier vor dem Hauptgeschoß die Fassade beherrscht, kann er den Blick über die ehemals farnesischen Lande schweifen lassen, und an den Wänden des Saales selbst kann er wie auf Jagddarstellungen gemalte Ansichten anderer ehemals den Farnese gehörender Orte sehen, die sein Auge von hier aus nicht erreichen kann.

Aus diesem ersten Repräsentationsraum kommt der Besucher dann in eine kleine, runde, mit Szenen aus dem Alten Testament ausgemalte Kapelle und als nächstes in den Prunksaal oder „Saal des Farnesischen Ruhms“. Wie im gleichartigen Saal im Palazzo Farnese in Rom dient die Deckenwölbung der Darstellung bedeutender Taten farnesischer Vorfahren, die Wände dagegen sind geschmückt mit Szenen herausragender Ereignisse während des Pontifikats von Paul III. In diesen Darstellungen, sozusagen Familienfotos mit den großen Gestalten der Zeit wie Kaiser Karl V. und dem französischen König Franz I., hat sich der Kardinal Alexander Farnese immer sehr bedacht einen Platz im Vordergrund gesichert, zusammen mit seinem Großvater, dem Papst. Diese Fresken, Werk der Brüder Taddeo und Federico Zuccari, die für die Dekoration insgesamt verantwortlich waren, folgen einem regelrechten politischen Programm, das der Kardinal selbst festlegte, um sich als würdiger Nachfolger Pauls III. auf dem Stuhl Petri zu präsentieren.

Nach Durchschreiten weiterer Säle, von denen jeder von einem bestimmten malerischen Thema geprägt ist, meist in bezug auf Tugenden des Kardinals (darunter dem großartigen Saal der Weltkarten, dessen Decke das Planetensystem des Weltalls zeigt, während die Wände mit Landkarten jener Gebiete bemalt sind, die man in dieser zweiten Hälfte des 16. Jahrhunderts kannte), gelangt unser Besucher schließlich in die Gärten hinter der Villa. Über schattige Wege, die bereits mit der gewohnten Symmetrie der Renaissancegärten brechen, erreicht er den kleinen Sommerpavillon, den sich der Kardinal im entferntesten Winkel des Gartens erbauen ließ. Über zwei Treppen beidseits einer mit Delphinen besetzten Steinrampe, über die

Oben
Die Wände des Saals der Weltkarten sind bemalt mit Karten der vier im 16. Jahrhundert bekannten Kontinente nach damaliger Vorstellung.

Links
Geheimnisvolle Kanephoren, Darstellungen der fünf Sinne, bewachen die streng abgezirkelten Parterre der *Palazzina*.

das Wasser von der oberhalb gelegenen Quelle herabfloß, kommt er, vorbei an den beiden Bewachern der Örtlichkeit, zwei bärtigen Flußgöttern mit Füllhörnern in den Händen, zur breiten Esplanade vor der *Palazzina*. Zu beiden Seiten des kleinen *Casinos* entfalten sich die Schnörkel der Parterre „auf italienische Art", bestückt mit Brunnen, auf denen das Einhorn thront, Symbol der Reinheit und Wappentier der Farnese. Merkwürdige Kanephoren (steinerne Hermen mit Vasen auf den Köpfen), die Stille gebietend den Finger an den Mund legen, tragen zum magischen Zauber des Platzes bei.

Der Zugang zu diesem Ort der Ruhe ist heute dem Besucher allerdings verwehrt, denn der kleine Pavillon ist der privaten Nutzung durch den Präsidenten der Republik Italien vorbehalten.

Oben
Auf dieser Landkarte Europas ist Skandinavien noch von den Ostgoten bewohnt und Schottland ein unabhängiger Staat…

Links
An der Decke des Saals der Weltkarten ist der Sternenhimmel mit Planeten und Tierkreiszeichen dargestellt.

Die Villa Lante

Ausgerechnet während des strengen Pontifikats Pius V. setzte es sich der neu ernannte Bischof von Viterbo, der Kardinal Giovan Francesco Gambara, in den Kopf, sich in der Nähe seines Bischofssitzes, nämlich in Bagnaia, einen prachtvollen Sommersitz errichten zu lassen, der mit dem von Kardinal Alexander Farnese in Caprarola erbauten Palast wetteifern sollte. Am ausgewählten Platz befand sich schon das Wildgehege, das von Kardinal Raffaele Riario zu Beginn des 16. Jahrhunderts angelegt und vom Hofe Leos X. sehr geschätzt worden war. Doch inzwischen zählte die Jagd nicht mehr zu den bevorzugten Vergnügungen. Der junge Prälat, der sich gleichermaßen durch Bildung und Ehrgeiz auszeichnete, beauftragte 1568 den Erbauer des Palastes von Caprarola, Vignola, mit dem Entwurf für ein Sommerschloß, das die Bewunderung des gesamten päpstlichen Hofes erregen sollte.

Vom in die Umfassungsmauer der Anlage gesetzten großen Eingangsbogen mit einem Dreiecksgiebel darüber hat man einen beeindruckenden Blick über die genauestens abgezirkelten Parterre der Gärten mit den im Hintergrund zu beiden Seiten der Mittelachse aufragenden beiden Pavillons, hinter denen wiederum eine lange Steinrampe die Hügelkuppe hinansteigt. Dahinter verliert sich der Blick in den Bäumen. Die Gesamtanlage entwickelt sich hangaufwärts über fünf durch Treppen miteinander verbundene Ebenen. Der obere, im Schatten gelegene Bereich ist mit seiner Naturlandschaft dem unteren mit seiner streng geometrischen Gestaltung bewußt gegenübergestellt. Die Unterteilung der eigentlichen Villa in zwei *Casini* ermöglicht den unverstellten Blick auf die Gärten, die der Hauptanziehungspunkt der Anlage sind.

Heute betritt man die Gärten durch einen Seiteneingang, der zunächst zum Pegasusbrunnen führt, einem großen runden Becken, in dessen Mitte die Bronzestatue des Flügelrosses aufragt, umgeben von vier Putten, die aus ihren Muscheln das Wasser herausblasen. Der Pegasus, das die Musen begleitende geflügelte Pferd, soll das künstlerische Mäzenatentum des Auftraggebers symbolisieren. Zwei Alleen gehen vom Brunnen aus: die zur Linken führt zum Eingang der Villa, die zur Rechten verliert sich im Wald mit immergrünen Eichen und vielhundertjährigen Kastanienbäumen. Längs der Wege standen einst Brunnen und Skulpturen, welche den Wandel der menschlichen Geschicke vom verlorenen Goldenen Zeitalter über das Silberne und, in stetem Abstieg, das Eiserne und Bronzene darstellten.

Eine zweite Querallee führt wieder in die von hohen Mauern umschlossenen Gärten zurück. Der Weg des Wassers beginnt auf der Hügelkuppe, wo die Quelle in der rustikalen Grotte der Sintflut entspringt, die das Ende des Goldenen Zeitalters ankündigt. Zu ihren beiden Seiten erheben sich im Schatten großer Platanen zwei Pavillons, den Musen gewidmet, welche über die überraschten Besucher die Wasser der Sintflut ausgießen. Die Fassaden der Pavillons sind geschmückt mit Darstellungen von Krebsen – der Krebs, italienisch *Gambero*, ziert das Wappen des Kardinals Gambara. Das Wasser der Quelle sammelt sich im achteckigen Delphinenbrunnen und läuft von dort aus die *Catena* der Krebse hinunter, eine lange, ebenfalls von steinernen Krebsen eingefaßte Wassertreppe. Dann ergießt es sich am Brunnen der Giganten zwischen den bärtigen Figuren des Arno und des Tiber in ein Rundbecken, dient in der Mittelrinne eines langen steinernen Bankettisches zur Kühlung der Getränke und speist am Schneckenbrunnen unzählige Fontänen, ehe es vorübergehend verschwindet. Inmitten der unteren Parterre spritzt es dann wieder aus dem Aufbau im Brunnen der Mauren, wo vier grazile Jünglingsfiguren das Wappen des Kardinals Montalto mit den fünf von einem Stern überragten Bergen hochrecken. Die Fontäne erhebt sich auf einer kleinen Insel, zu der vier das quadratische Bassin überspannende Brücken führen.

Das vom Menschen gebändigte Wasser ist hier in all seinen Erscheinungsformen kunstvoll eingesetzt: als rauschende Kaskade, mächtige Fontäne, spiegelnde Fläche, fein versprüht oder in ruhigem Lauf beglückt es das Auge inmitten von Statuen, Pavillons, Becken und Rampen aus Tuff und Buchsbaumhecken. Besonders auf der unteren Ebene der Gärten entstanden von Menschenhand wahre Wunderwerke: Aus kunstvoll beschnittenen Buchsstreifen formt sich

Oben
Das Wasser fließt die von Krebsen gesäumte *Catena* hinunter und erreicht schließlich auf dem Weg über weitere Brunnenbecken auf der untersten Ebene die Fontäne der Mauren, hinter der hier noch das mächtige Eingangstor zur Gartenanlage zu erkennen ist.

Links
Einer der beiden mit den Krebsen als Wappentier des Erbauers geschmückten kleinen Pavillons an der Begrenzung des Waldes.

Vorhergehende Doppelseite
Die „auf französische Art" geschwungenen Buchsbaumornamente der Parterre der Villa Lante.

Vorhergehende Doppelseite
Die strenger geometrisch gehaltenen Heckenstreifen „nach italienischer Art" am Maurenbrunnen.

Rechts und gegenüber unten
Der Pegasusbrunnen unterhalb der beiden Hauptpavillons der Villa Lante.

Unten
An der Decke eines der Säle im Obergeschoß vermitteln Stuckplastiken und allegorische Szenen schon eine Vorahnung auf den Prunk des Barock.

Gegenüber, oben links
Die Abschlußwand dieser Loggia im Erdgeschoß eines der Pavillons schmückt ein Gemälde der Villenanlage.

Gegenüber, oben rechts
Zwei große Darstellungen von Flußgöttern, Arno und Tiber, beherrschen den Brunnen der Giganten.

zwischen den beiden Pavillons das Wappen des Papstes, und zu seiten des Maurenbrunnens eine Folge dekorativer Ornamente, teils streng geometrisch in der sogenannten „italienischen Art", teils geschwungen im „französischen Stil", der hier im 17. Jahrhundert Eingang fand unter Louise Angelique de La Trémoille, der Gattin des Herzogs Antonio Lante.

Montaigne kam auf der Durchreise nach Bagnaia und begeisterte sich für die Schönheit der Gärten der dortigen Villa, die seiner Meinung nach jene von Tivoli übertrafen. Der einzige, der auf den Glanz der Anlage mit finsterer Miene reagierte, scheint der Kardinal Karl Borromäus gewesen zu sein, der gegenüber dem stolzen Besitzer äußerte: „Eminenz, Ihr hättet besser daran getan, mit dem Geld, das Ihr hier zum Fenster hinausgeworfen habt, ein Nonnenkloster zu stiften." Dieser Satz kennzeichnet den Geist, der damals im unter dem Einfluß der Jesuiten stehenden päpstlichen Rom herrschte. Er scheint jedenfalls den Kardinal Gambara so eingeschüchtert zu haben, daß er sofort die Einstellung weiterer Arbeiten veranlaßte. Erst Kardinal Alessandro Peretti Montalto, Neffe von Papst Sixtus V., läßt den Entwurf Vignolas vollenden. Nach seinem Tode 1623 fällt der Besitz der Kurie zu, die ihn jeweils an Kardinäle vermietet, um ihnen einen angenehmen Sommeraufenthalt zu ermöglichen. Unter Papst Alexander VII. fällt er in der zweiten Häfte des 17. Jahrhunderts an die Familie Lante, in deren Hand er bis 1953 verblieb; seither ist er der Sorge des italienischen Staates anvertraut.

Oben
Blick von der Terrasse des *Bosco* auf die überaus reich gegliederte, mit antiken Funden aus der Sammlung der Medici bestückte Gartenfassade der Villa Medici.

Rechts oben
An der Decke des „Studierzimmers" von Ferdinand I. de' Medici findet sich dieses Gemälde der Villenanlage mit der Umfassungsmauer, den Pergolen und den präzis geometrischen Gartenparterren.

Die Villa Medici

An der Stelle, wo einst die römische Villa des Lucullus stand, der als großer Genießer in die Geschichte einging, erwarb 1564 der Kardinal Giovanni Ricci, stolz auf seinen Posten als Geheimschatzmeister von Papst Julius III., unmittelbar an der Innenseite der Aurelianischen Mauer ein Stück noch unangelegtes Land, das eine prächtige Aussicht auf die Höhen von Rom bot. Den kompletten Umbau der alten *Vigna* der Crescenzi übertrug er Nanni di Baccio Bigio, der für ihn schon am Palazzo Ricci in der Via Giulia tätig gewesen war. Den Nordteil des alten Gebäudes bezog man in den Neubau ein, doch entstand ganz neu ein vor einer ebenfalls neu angelegten Esplanade zu seiten der Gärten liegender Hauptbau mit großen Räumen auf zwei Stockwerken. Dieser Terrasse mußten zwei Stockwerke an der Rückseite der Villa weichen, zu denen eine Loggia gehörte, die eine gelungene Verbindung zwischen den beiden Gärten bot. Das bis zur Aurelianischen Mauer als nördlichem Abschluß reichende Gelände war in sechzehn Buchsparterre gegliedert.

Beim Tode von Giovanni Ricci 1574 kam die Villa in den Besitz eines jungen, ehrgeizigen Kardinals, der bald zum Großherzog der Toskana aufsteigen sollte: Ferdinand de' Medici. Zweifellos erschien ihm die Villa Ricci als Sitz eines Medici in Rom nicht prunkvoll genug. Daher wurde der Familienarchitekt Bartolomeo Ammanati sogleich mit Veränderungen am bestehenden Bau beauftragt. Dieser legte wieder an der Gartenfront eine Loggia an, nun weit in einer hohen *Serliana* geöffnet, über der das Wappen der Medici mit den sechs Kugeln angebracht wurde. Die Beletage wurde mit drei Repräsentationsräumen

Oben
Auf diesem heute im Louvre zu Paris befindlichen Gemälde hielt der Maler F.-M. Granet hinter den beiden Türmen der über der Spanischen Treppe aufragenden Kirche Santa Trinità dei Monti die Vorderfront der Villa Medici fest.

Rechts
Im Hintergrund der Parterre mit dem Obeliskenbrunnen erkennt man die Arkaden der Terrasse, über der sich das Wäldchen erhebt.

ausgestattet. An die Decke im Saal der Musen ließ der Kardinal die Konstellation seines Horoskops malen, das ihm richtig die Herrschaft im Großherzogtum Toskana versprach, was für ihn als fünftem Sohn von Cosimo I. zu dieser Zeit gänzlich unwahrscheinlich war. In den in die reiche Kassettendecke eingefügten Gemälden von Jacopo Zucchi verbinden sich Allegorien der Musen und Planeten mit Tierkreiszeichen zu glücksverheißender Weissagung für den Kardinal – der dann zu ihrer Erfüllung auch nicht davor zurückgeschreckt sein soll, seine Schwägerin zu vergiften! Im Erdgeschoß wurde das Vestibül vergrößert, um einen monumentalen Eingang zu schaffen, wo eine große, sich bald in zwei symmetrische Läufe teilende Rampe zu zwei Wendeltreppen am jeweiligen Ende des Gebäudes führt, welche die Loggia mit den oberen Stockwerken verbinden. An den Hauptbau fügt sich senkrecht dazu ein langer Galerieflügel, bestimmt zur Unterbringung der Antikensammlung des Kardinals Medici.

Am südlichen Ende der Besitzung errichtet Ammanati an der Via di Porta Pinciana ein mächtiges Bossenportal, von wo aus er parallel zum Hauptgebäude eine von hohen Mauern gesäumte sechshundert Meter lange Allee anlegt, die zur Esplanade vor der Villa führt. Ob sie nun mit ihren Karossen über diese Allee kamen oder über die Rampe, die von der Piazza di Spagna aufsteigt – die Besucher konnten die Hoffassade des Palastes nicht sehen, ehe sie auf dem Vorplatz standen. Dann durften sie sich verblüffen lassen von dieser riesigen, bühnenartigen Schauwand, die übersät war mit kostbaren antiken Reliefs, Statuen und Büsten aus der reichen Sammlung des Kardinals, die später den Kern des Museums der Uffizien bilden sollten.

Die ganze Fassade wurde wie ein Schrein, eine Schauvitrine gestaltet, welche die schönsten Stücke der Sammlung ins rechte Licht rücken sollte; sie ist weitgehend geschlossen, hat nur wenige Fenster und wird bestimmt von Rahmen und Nischen, die mit strengem Gefühl für Symmetrie und Abwechslung angeordnet sind und zur Aufnahme der wertvollen Fundstücke dienen. Der prunkende Eindruck wird etwas aufgelockert durch die zu beiden Seiten des Mittelbaus aufragenden Türme, zwischen denen sich die Dachterrasse erstreckt. Vor den Seitenöffnungen der Mittelloggia bedrohen noch heute zwei mächtige Löwen den graziösen, sinnlichen Merkur dazwischen, den Giambologna schuf und der sich aus der Schale seines Brunnens emporzuschwingen scheint.

In den Gärten stieß man an jeder Alleenbiegung, an jeder Wegkreuzung auf Statuen, Büsten, Reliefs, Obelisken oder antike Sarkophage, teils als Brunnen genutzt, teils in der Form wahrer Theaterszenen unter freiem Himmel. Ein Spaziergang durch die Parterre konnte noch ganz andere Überraschungen bieten, nämlich die

Ganz oben
Weit öffnet sich dieser Pavillon in einer hohen *Serliana*.

Oben
Dieser mit einem Dreiecksgiebel bekrönte Nischenbrunnen an einer der Alleen des Gartens birgt eine üppige Statue der Venus.

Begegnung mit einem der wilden Tiere, die hier gehalten wurden: einem Löwen oder Tiger, einem Bären oder auch einem Strauß.

Nahe bei der Venusloggia stößt man auf den Eingang zu dem kleinen Pavillon, den sich der Kardinal im Hintergrund des Gartens errichten ließ. Man bezeichnet ihn heute zumeist als *Studiolo*, also etwa Studierzimmer, aber es ist sehr viel wahrscheinlicher, daß dieser Pavillon, der eine diskrete Verbindung zur Außenwelt über eine am Fuße eines der Türme der Aurelianischen Mauer endende Treppe hat, dem Kardinal als „Junggesellenwohnung" diente, in der er sich sicher einer ganz besonderen Art der Studien widmete...

Auf dem rechtwinklig angesetzten Flügel ließ der Kardinal eine große Aussichtsterrasse anlegen, von der aus er mit seinen Gästen ebenso den Anblick der eleganten Fassadenwand seines Palastes und der sich davor ausbreitenden Gartenparterre genießen konnte wie auch das Panorama der grünenden Landschaft jenseits der Aurelianischen Mauer, wo sich dann einige Jahrzehnte später der Kardinal Scipione Borghese seine eigene berühmte Villa erbauen sollte.

Von dieser Terrasse, die zu jeder Tageszeit im hellen Lichte liegt, gelangt man dann in den Schatten und die Frische des *Bosco*, eines die Gärten beherrschenden Gehölzes, das mit seinen kleinen Steinbänken an den Wegen zur Ruhe unter großen Bänken einlädt. Die Hauptallee führt auf einen künstlich aufgeschütteten Hügel, gegen Ende des 16. Jahrhunderts über den Ruinen des alten römischen Fortunatempels angelegt. Über zahlreiche bemooste Stufen kann man zum kleinen Aussichtspavillon auf der Kuppe aufsteigen, von wo sich ein atemberaubender Rundblick auf Rom bietet.

Nach Ferdinands Tod zeigt dessen Sohn Karl nur wenig Interesse an der Villa, da er lieber in Florenz lebt als in Rom. Das 17. Jahr-

Oben
An der Decke im Saal der Musen bestimmen die Musen der Planetenbahnen das künftige Schicksal des Kardinals, der zum Großherzog der Toskana aufsteigen sollte.

Rechts
Das Einhorn ist das Sinnbild des Kardinals Ferdinand de' Medici.

Rechts gegenüber
Dieses mit Grotesken überreich geschmückte Vestibül führt zur „Junggesellenwohnung" des Kardinals.

hundert ist für die Villa eines der traurigsten Kapitel, doch das 18. steht ihm nur wenig nach, denn in dieser Zeit wird ein großer Teil der Antikensammlung in das Museum der Medici in Florenz überführt. Vom Hause Lothringen, das nach und nach den gesamten Besitz der Medici verschleudert, wird die Villa 1804 zum Kauf angeboten und von der französischen Regierung erworben – im Tausch gegen den Palazzo Mancini an der Via del Corso, wo bisher Mitglieder und Gäste und die Maler, Bildhauer und Architekten der Französischen Akademie in Rom untergebracht waren. Mit der Aussicht, hier die der Arbeit förderliche Ruhe zu finden, nahm die Akademie die verlassene Villa in Besitz, richtete Wohnräume und Ateliers für die Künstler ein und restaurierte in den sechziger Jahren unseres Jahrhunderts unter Leitung des Malers Balthus die Fresken der Räume, die bis dahin unter einem Anstrich verborgen waren.

Die heutigen Gäste, Vertreter der verschiedensten Disziplinen von Kunsthistorikern über Grafiker bis zu Bühnenbildnern, werden noch immer von einer Ministeriumskommission ausgewählt und setzen die Tradition der Rompreisträger fort, die wie Ingres oder Berlioz, Fragonard oder Debussy in die Ewige Stadt kamen, um hier eine neue Jugend zu finden. Wie schon damals die Genannten, genießen sie das seltene Privileg, frei im Labyrinth der Gartenterrassen zu schweifen, um hier im sanften Schatten der großen Pinien auf einer Steinbank neue Inspiration zu schöpfen, über die große, von den Düften der Orangenbäume und der Rosen erfüllte Allee zu schlendern, oder die Milde des römischen Himmels, gefärbt von den Strahlen der untergehenden Sonne, auf der Terrasse vor dem Wäldchen zu genießen. Sie sind das schöpferische Ferment dieser Villa und ehren Jahr für Jahr das Andenken an den großen Mäzen, den Kardinal Ferdinand de' Medici.

Gegenüber, oben links
Die prunkvolle Kassettendecke im Raum der Elemente, heute genutzt von den Gästen der Villa Medici, zeigt die Entstehung des Universums durch die Vereinigung der verschiedenen Elemente.

Gegenüber, oben rechts
Detail von der Decke im Saal des Großherzogtums Toskana.

Gegenüber, unten links
Die gemalte Pergola im Pavillon Ferdinands de' Medici legt Zeugnis ab von seinem Interesse an seltenen botanischen Essenzen und exotischen Tieren.

Gegenüber, unten rechts
Dieses orientalische „türkische Zimmer" ist der Laune eines Akademiedirektors zu Beginn des 19. Jahrhunderts zu verdanken, der von seinem Aufenthalt in Nordafrika beeindruckt war.

Unten
Einer der grimmigen Köpfe von der Umfassungsmauer.

DER GLANZ FRASCATIS

Frascati, am Platz des antiken Tusculums der Römerzeit, hat eine uralte Tradition als Erholungsort. Cato, Cicero und Lucullus durften sich zu den Glücklichen zählen, denen eine der Villen gehörte, die an den Hängen um den Ort lagen. Im Mittelalter konnten die Päpste von der Frascati beherrschenden Familie, den Colonna, erreichen, daß sie ihnen die Festung von Tusculum überließ und auch gewisse Feudalrechte über die Siedlung. Und vom 15. Jahrhundert an zogen die antiken Ruinen von Frascati auch die leidenschaftlichen Sammler antiker Fundstücke an.

Die Stadt selbst, die im 15. Jahrhundert wieder unter die Botmäßigkeit der Colonna gekommen war, wurde von diesen 1537 an Pier Luigi Farnese, den Sohn von Papst Paul III. verkauft, der dann dem Wunsch nach einer Abtretung an den Kirchenstaat nachkam. Diese Vereinbarung war Voraussetzung für eine gründliche Stadtrenovierung durch den Farnese-Papst. Zur Erinnerung daran wurde 1549 eine Medaille geprägt, die mit ihrer Inschrift TUSCULO RESTITUTO und einer Darstellung der neuen Stadtmauer von Frascati keinen Zweifel am Bestreben des Papstes läßt, der Stadt ihren alten Glanz aus den Zeiten der römischen Kaiser wieder neu zu verleihen. Die Villa Rufina, die sich der Bischof von Melfi, Alessandro Rufini, hier errichten läßt, ist der erste einer ganzen Serie von prachtvollen Sommersitzen, die im Laufe des 16. und 17. Jahrhunderts auf den Hügeln rund um die Stadt entstehen und aus Frascati den geschätztesten Erholungsort der Epoche machen.

Die meisten dieser Lustschlösser werden am Nordabhang der Albanerberge mit ihrem Hintergrund aus dichten Eichen- und Kastanienwäldern errichtet, der das nach Rom verlaufende Tal beherrscht. Im 16. Jahrhundert haben diese Landsitze noch den bescheidenen Rang einer *Vigna*, deren Anlage von den Überlegungen der Nutzbarkeit noch weit stärker geprägt ist als vom Wunsch nach Repräsentation. Jeder dieser Sitze ist zwar mit einem kleinen Garten versehen, oft auch schon mit einfachen Brunnen ausgestattet, aber doch selten mit echten Wasserspielen, denn Wasser ist auf diesen Hügeln damals eher noch eine Mangelware.

Nachdem sich hier aber erst einmal der Kardinal Marco Sittico d'Altemps (Markus Sittikus von Hohenems im österreichischen Vorarlberg), ein angeheirateter Neffe von Papst Pius IV., niedergelassen hatte und Gregor XIII. zum Papst erwählt worden war, bricht eine neue Bauwelle auf den Hügeln aus. Der Kardinal Hohenems erwirbt

1567 das *Casino* der Ricci, das er durch den bedeutenden Architekten Martino Longhi in eine prunkvolle Sommerresidenz verwandeln läßt, die er Villa Mondragone nennt zu Ehren des Papstes, dessen Wappen stolz das Bild des Drachens zeigt. Die Villa wird häufig von Papst Gregor XIII. besucht, ja er hält sich dort gerne während jeder Sommersaison auf. Selbst der strenge Jesuiten-Kardinal Karl Borromäus, der das Wohlwollen des Papstes nutzt, um ihm eine zu starke Neigung zu Sommerurlauben vorzuhalten, lehnt Aufenthalte auf dem Sommersitz nicht ab, um dabei dem Oberhaupt der Kirche deren Probleme darzulegen.

Die Wahl von Sixtus V. stellt für einige Zeit einen gewissen Bruch im „Ferienortscharakter" von Frascati dar, weil dieser neue Papst sich lieber in seiner *Villa Montalto* in Rom aufhält. Aber die Stadt darf einen erneuten Aufschwung in diesem Sinne verzeichnen unter Papst Clemens VIII., der jeden Herbst nach Frascati kommt, und seinem Neffen, dem Kardinal Pietro Aldobrandini. Ihm hatte der Papst die zuvor von der päpstlichen Verwaltung 1597 erworbene Villa Contugi angeboten, und dieser bescheidene Sommersitz, der nach dem Entwurf von Giacomo della Porta völlig umgebaut wurde, verwandelte sich in die großartige Villa Aldobrandini, die während des ganzen 17. Jahrhunderts die Hügel um Frascati beherrschte.

Der Blick auf die rückwärtige Fassade der Villa Aldobrandini wird eingegrenzt durch die beiden umwundenen Säulen, welche das Ende des Hains markieren.

Die Villa Aldobrandini

Mit der Beauftragung von Giacomo della Porta, eines Schülers von Vignola, mit dem Entwurf zu einer großartigen Villa auf den Hügeln von Frascati wollte der Kardinal Pietro Aldobrandini dem neuen gesellschaftlichen Rang Ausdruck verleihen, den seine Familie errungen hatte durch die Berufung seines Onkels auf den päpstlichen Thron als Clemens VIII. Er knauserte daher auch nicht, als es um gewaltige Erdarbeiten für die Errichtung seines neuen Palastes und um die Anlage eines mehr als acht Kilometer langen Aquaedukts ging, der die Wasser einer Quelle auf dem Monte Algido heranführen sollte, um die zahlreichen Wasserspiele der Gärten zu speisen.

Die Villa Aldobrandini dokumentiert mit der Ausdehnung ihres Geländes, den gewaltigen, eher einem Herrschersitz als einer Sommerresidenz entsprechenden Dimensionen und dem Prunk der Ausstattung, die bereits auf den Überschwang des Barocks verweist, den endgültigen Bruch mit dem intimen und zurückhaltenden Charakter einer Villa der Renaissance. Durch die heute verschlossenen Gittertore des imponierenden Haupteingangs, der den Stadtplatz von Frascati beherrscht, erblickt man ihre eindrucksvolle Fassade, zu der man einst über eine lange, von Steineichen gesäumte Allee gelangte. Zwei symmetrische Rampen steigen von den beiden Seiten einer ersten Stützmauer auf, in die ein Nymphäum gehöhlt ist und die ihrerseits eine zweite, von einer Mauer abgeschlossene Terrasse trägt. Die beiden Rampen, deren Brüstungen bestückt sind mit Tongefäßen als Behältern von Buchsbäumen, laufen in ovaler Kurve auf die Esplanade vor der Villa zu.

Vorhergehende Doppelseite
Die beeindruckende Hauptfassade der Villa Aldobrandini ist von vielen, aber ziemlich kleinen Fenstern durchbrochen.

Seite 143 oben
Das Wappen der Aldobrandini wurde nach der Wahl Clemens VIII. zum Papst zu Beginn des 17. Jahrhundert durch die päpstlichen Insignien ergänzt.

Diese prunkende „Inszenierung“ verleugnet durchaus nicht den Anklang an jene Wirkung, die Vignola beim Palazzo Farnese in Caprarola erzeugen konnte. Von Eichenwäldern umgeben, will die Villa Aldobrandini mit ihrem Prunk Frascati beherrschen und ist dabei ausgerichtet auf die Stadt, auf die sich jede Karriere stützt: auf Rom, das sich am Ende des Tals vor dem entfernten Hintergrund des Tyrrhenischen Meeres erhebt.

Mit ihrem turmartig überhöhten Mittelbau als Belvedere, der sich an den meisten Villen in Latium findet, erhebt sich die eher schlichte Vorderfront des massig wirkenden und kaum geschmückten Gebäudes mit drei Obergeschossen, die von mehr an Schießscharten erinnernden kleinen Fenstern durchbrochen sind. An den sehr viel niedrigeren symmetrischen Seitenflügeln der Villa vorbei, die von ungewöhnlichen, kaminartig wirkenden kleinen Türmen beschlossen werden, gelangt man auf eine dritte Terrasse, die beherrscht wird von der Rückfront der Villa, welche durch den vorgezogenen

Oben
Die gekurvte Exedrawand des „Wassertheaters“ ist durch Nischen gegliedert, in die vor einen heute bemoosten Dekor falscher Stalaktiten aus Tuff- und Kieselsteinen heidnische Statuen gesetzt wurden.

Rechts
Detail von einer der beiden mit vielfarbigen Mosaiken geschmückten Säulen vor dem Eingang zum Wäldchen.

Gegenüber, unten links
Eine der graziösen, zu Wassergöttinnen verwandelten Blumengöttinnen vom „Wassertheater“.

Gegenüber, unten rechts
Von den beiden Loggien im ersten und im zweiten Obergeschoß aus konnte der Blick des Besitzers über den Wald schweifen, der sich den Abhang des Hügels hinaufzog.

Einer der Prunksäle der Villa Aldobrandini, vom Boden bis zur Decke ausgemalt im ausgeprägten Barockstil.

Mittelbau wesentlich weniger streng wirkt. Südlich und nördlich davon erstrecken sich zwei geometrisch angelegte kleine Wäldchen mit streng ausgerichteten Reihen mehrhundertjähriger Platanen. In die Villa selbst gelangt man jetzt von der Rückseite her. Zahlreiche Räume haben bis heute ihre kostbare Wandbespannung bewahrt – so etwa Seide mit chinesischen Landschaftsmotiven in einem kleinen Salon und Leder mit den eingeprägten goldenen Sternen der Aldobrandini in einem anderen – und sind mit Gemälden aus der berühmten Aldobrandi-Sammlung bestückt.

Die Hauptachse der Villa verläuft über das der Gartenfront gegenüberliegende spektakuläre Wassertheater zu zwei gedrehten Säulen im Hintergrund, die den oberen Abschluß einer Wassertreppe flankieren. Entworfen von Giacomo della Porta, der auch eine große Zahl von Brunnen auf den Plätzen Roms schuf, und vollendet von dem großen Barockarchitekten Carlo Maderna, ist das Wassertheater als reich gegliederte Exedrawand konzipiert, oben bekrönt von einer zierlichen Balustrade, auf der ehedem noch antike Statuen standen. Diese Wand öffnet sich in fünf großen, mit Mosaiken und Bimsstein dekorierten Nischen, in die teils wieder weitere Nischen eingetieft sind, in denen Statuen von Gottheiten mit mythologischem Bezug zur Wasserwelt stehen. Waldnymphenkaryatiden zu seiten der Nischen, Delphine als Begleiter von Neptun und Amphitrite und vor die Nischen gesetzte Brunnen verspritzen das Wasser. Am beeindruckendsten aber ist wohl der gewaltige Atlas in der Mittelnische, der mit seinen mächtigen Armen die Weltkugel umfängt. Hinter den Nischen kamen die Besucher früher in kleine Räume, in denen sie sich angenehm erfrischen konnten, aber auch erschreckt wurden vom vervielfachten Tosen des über die Felsen herabstürzenden Wassers.

Zur Rechten kommt man, vorbei an einem der kleinen Platanenwäldchen, in denen zur Sommerszeit zu den Füßen der Bäume große Büschel lila- und rosafarbener Hortensien blühen, über eine Treppe auf die Terrasse über dem Wassertheater. Zu beiden Seiten der Kaskade steigen gerade Treppen zum Wald auf, dessen Eingang markiert ist von zwei ungewöhnlichen Säulen mit vielfarbigem Mosaiküberzug, um die sich eine Art skulpierter Girlande nach oben windet. Wenn man hinter diesen sogenannten Herkulessäulen weiter den Hang hinaufsteigt, stößt man, immer in der Mittelachse, auf den Hirtenbrunnen, der seinen Namen den beiden in Nischen zu seiten der großen Mittelfontäne stehenden Hirtenfiguren verdankt, und schließlich am Ende zum großen Wasserfall des Rustika-Brunnens.

Der prunkvolle Aufwand, der für diese Villa betrieben wurde, scheint so manchen bigotten Kardinal erregt zu haben, so etwa den Kardinal Bigorio, der eines Tages in einem Wutanfall an die Tür des

PETRVS CARDINAL
ALDOBRANDINVS
S.R.E. CAMER

Rechts
Auf einer von Patina getönten Blumentapete das Porträt von Papst Clemens VIII.

Vorhergehende Doppelseite
Diesen Kamin schmückt das Prunkwappen des Kardinals Pietro Aldobrandini mit den goldenen Sternen.

noch nicht vollendeten Palastes schrieb: „Für einen Sterblichen ist das doch wohl mehr als genug!" Nach dem Tode von Kardinal Pietro Aldobrandini 1621 gelangte auf dem Wege über verschiedene Eheschließungen der Besitz erst an die Borghese, dann die Pamphili, erneut die Borghese und schließlich im 19. Jahrhundert wieder an die Aldobrandini. Diese versetzten die Villa wieder in den früheren Zustand, kümmern sich bis heute vorbildlich um die Erhaltung und erlauben in Ausnahmefällen ausgewiesenen Kunstfreunden die Besichtigung.

Oben und gegenüber oben
Die Wandbespannung dieses Raumes mit ihren chinesischen Landschaftsmotiven legt Zeugnis ab von der ausgeprägten Vorliebe des 18. Jahrhunderts für Chinoiserien.

Links
Eine antike Minervastatue aus der berühmten Kunstsammlung der Aldobrandini.

DER TRIUMPH DES BAROCK

Oben
Auf diesem Gemälde von A. Ponthus-Cinier (jetzt im Musée Condé, Chantilly) sind die schattigen Alleen des Parks der Villa Doria-Pamphili Schauplatz für Spaziergänge und heitere ländliche Spiele.

Oben
Licht und Schatten spielen an der Fassade der Villa Doria-Pamphili über die Reliefs und die Büsten und Skulpturen in ihren tiefen Nischen.

Unten
In einem der Erdgeschoßsäle, deren Wände mit Gemälden und Reliefs behängt sind, schickt sich Berninis *David* gerade an, mit seiner Schleuder den Riesen Goliath zu erledigen.

Gegen Ende des 16. Jahrhunderts führt der Architekt und Städteplaner Domenico Fontana, der die großen Straßen durch Rom anlegte, für die römischen Gärten eine entscheidende Neuerung ein, die er erstmals in seinem originellen Entwurf für die Villa Peretti Montalto anwendet. Dabei handelt es sich darum, dank verschiedener Baulichkeiten im Umfeld der Villa und unter bewußter Betonung von Geländeerhebungen innerhalb ihres ummauerten Bezirks den Garten entlang unterschiedlicher Achsen auszurichten. Dieses neue System, das sich vor allem in den ersten Jahrzehnten des 17. Jahrhunderts voll entwickelt, findet erfolgreich Anwendung bei den Villen Borghese, Ludovisi und Doria-Pamphili. Die szenische Anlage der Gärten folgt nun nicht mehr nur einer einzigen perspektivischen Hauptachse, sondern erschließt sich längs einer freieren und bewegteren Strecke.

Zu einer zweiten Revolution hinsichtlich des äußeren Erscheinungsbilds der Villa kommt es in der zweiten Hälfte des 17. Jahrhunderts durch Pietro da Cortona, erstmals am heute zerstörten *Casino* Sacchetti. Zahlreiche gekurvte Linien verliehen seiner Fassade eine ganz neue Spannung, während die Aufeinanderfolge von Rampen einen völlig neuen Bezug zwischen Villa und Garten herstellte, so als ob das sich weit nach außen öffnende Gebäude dem Garten gleichsam entgegengehen wolle. Die Originalität dieser Inszenierung wurde alsbald erfolgreich nachgeahmt in den bedeutendsten Villen auf den Hügel von Rom und Frascati.

Die Fassaden der Villen werden nun wie Schreine gestaltet, die antike, oft bedenkenlos ergänzte Stücke wie Statuen, Reliefs oder auch gemeißelte Inschriften, in die Gesamtstruktur des Gebäudes integriert, ins beste Licht rücken sollen.

Eine solche Schaustellung betont den Wert der Sammlungen des Besitzers und entspricht ganz dem neuen barocken Zeitgefühl. Diese „Einlegearbeiten“, wie man sagen könnte, verleihen durch das Spiel von Licht und Schatten, das sich im Tagesverlauf ständig verändert, den Fassaden vibrierendes Leben.

Die Gebäude selbst wandeln sich allmählich zu wahren Museen. Ganze Teile der Anlage bestehen nun aus Galerien, die der Ausstellung antiker Stücke vorbehalten sind, wie in der Villa Ludovisi, wo ein eigenes *Casino* nur für Statuen errichtet wird, oder erst recht der Villa Borghese, wo die Sammlung des Kardinals Scipio bald nahezu alle Räume des Palastes füllt.

Die Villa Borghese

Eine bescheidene *Vigna* der Familie, im Norden Roms jenseits der Aurelianischen Mauer gelegen, deren Terrain der Kardinal Scipio Caffarelli Borghese, Neffe von Papst Paul V., von 1608 an systematisch durch den Zukauf von sechs benachbarten *Vignen* erweitert, ist der Ausgangspunkt für ein dieses Namens auch wirklich würdiges Sommerschloß, das er sich hier errichten läßt. Mit dem Entwurf betraut er den Architekten Flaminio Ponzio, nach dessen Tod 1613 tritt dessen Assistent Giovanni Vasanzio, ein Künstler vom Niederrhein (Hans von Xanten), die Nachfolge an und kümmert sich vor allem um die Ausstattung.

Die architektonische Gliederung lehnt sich an römische Villen der späten Renaissance an, vor allem die Villa Medici, deren quaderförmiger Hauptbau mit einem großen, in hohen Arkaden geöffneten Portikus, durch den man über eine doppelläufige Treppe in den Garten gelangt, ebenso übernommen wird wie die beiden mächtigen, von turmartigen Belvederen überragten Seitenflügel.

Wie bei der Villa Medici und der Villa Doria-Pamphili wird auch hier die Fassade bestückt mit antiken Marmorwerken, die hervorgehoben werden durch Stuckrahmen in Form von Nischen, Medaillons, Giebeln und Bogengehängen. Die Mehrzahl dieser vierundvierzig Statuen, siebzig Büsten und einhundertvierundvierzig Reliefs und auch die Stuckornamente wurden später leider entfernt, so daß jetzt die Mauern nahezu kahl erscheinen. Nur ein paar Kupferstiche des 17. und 18. Jahrhunderts können uns heute eine Vorstellung vom Reichtum der Schmuckelemente vermitteln, welche

die Fassade wie eine Bühnendekoration wirken ließ und das Spiel von Licht und Schatten vollendet zur Geltung brachte.

Auch der unmittelbar um die Villa gelegene Raum wird in strenger Geometrie rechtwinklig unterteilt. An der Vorderseite legt man eine breite Esplanade an, begrenzt von einer mit Vasen und Statuen besetzten Balustrade, an der Rückseite ebenfalls einen freien Platz mit einem Brunnen in der Mitte, während sich entlang der Seiten des Gebäudes zwei Gärten in italienischer Manier erstrecken. Den Entwurf zu diesen Gärten darf man wohl dem Barockarchitekten Girolamo Rainaldi zuschreiben, einem Schüler von Domenico Fontana. Den Prinzipien des Jesuiten-Gärtners Giovan Battista

Vorhergehende Doppelseite
Der elegante Barockbau der *Palazzina della Meridiana* steht im Privatgarten der Villa Borghese zwei Vogelhäusern gegenüber.

Seite 155, oben
Die noch mit Werken der Antike bestückte Prachtfassade der Villa Borghese zeigt dieses anonyme Gemälde des 18. Jahrhunderts in der Galleria Borghese.

Links
Junge Frau mit Einhorn, eines der berühmtesten Porträts von der Hand Raffaels in der Galleria Borghese.

Oben
Inmitten eines romantischen kleinen Sees, der Ende des 18. Jahrhunderts von Asprucci angelegt wurde, erhebt sich dieser klassizistische, dem Äskulap geweihte Tempel.

Gegenüber oben
An der Biegung einer Allee errichtete man dieses imposante Monument zur Erinnerung an den Dichter Byron, ein Zeugnis des romantischen Geistes, der zu dieser Zeit den Park der Villa prägte.

Gegenüber unten
Die schöne Pauline Borghese als siegreiche Venus, ein Meisterwerk Canovas, vor dem Hintergrund einer Barockdekoration.

Ferrari in dessen Abhandlung über Gestaltung mit Blumen folgend, pflanzt Rainaldi hier zahlreiche exotische Blumen an, die typisch sind für die Barockgärten Roms: Tulpen, Ranunkeln, Hyazinthen, Anemonen, Kaiserkronen und Narzissen finden sich hier unter Bitterpomeranzenbäumen zur Gewinnung von Orangenblütenessenz. Seitlich von der Villa, hinter dem ersten Parterre auf italienische Art, wurde ein langgestreckter Privatgarten angelegt, ausgestattet mit zwei barocken Vogelhäusern, deren Schmiedeeisenkuppeln seltenen Vögeln Raum für ihre ausgelassenen Spiele bieten.

Dieser Teil der Gartenanlage war übrigens der einzige, der allein dem Besitzer und seinen Gästen vorbehalten war. Denn von Anfang an war vorgesehen, daß der Park für die Öffentlichkeit frei zugänglich sein solle. Durch den Haupteingang direkt gegenüber der Porta Pinciana betritt man die von hohen Zypressen gesäumte Hauptallee, die sich zu großartiger Perspektive auf die Fassade der Villa öffnet. Zu ihren beiden Seiten trennen Nebenalleen, benannt nach Baumarten oder bestimmten Örtlichkeiten, zu denen sie führen ((Eichenallee, Wacholderallee, Allee der dunklen Brunnen) Karrees mit Buchseinfassungen ab, deren Ecken betont sind durch Marmorköpfe von boshaften Faunen, jungen Schönheiten und griechischen Philosophen. An einer Biegung einer solchen Allee errichtete man einen kleinen Pavillon auf ovalem Grundriß; zur Verdeutlichung seiner Bestimmung für heitere kleine Bankettte wurde seine Decke zu Anfang des 17. Jahrhunderts bemalt mit einem *Gastmahl der Götter*.

Östlich des Palastes wird ein anderer Teil des Gartens, bepflanzt mit Lorbeerbäumen, durch Längs- und Queralleen in Gevierte geteilt. Im Kern dieses Bereichs legte Grimaldi ein großes Freilufttheater in Halbkreisform an; Hermen bildeten die Abgrenzung, und an der Rückwand wechselten Fenster mit Medaillons. Der Nordteil schließlich wurde bewußt als hügeliger Naturpark belassen und diente als Gehege für eine große Zahl von Tieren, teils in Latium heimischen (wie Hasen und Rehen, Damwild und Hirschen), teils aus entfernten Ländern stammenden (Löwen, Schildkröten, Straußen). Die Borghese wurden damit zu den Begründern eines der frühesten, allgemein zugänglichen Tiergärten Roms.

Ende des 18. Jahrhunderts betraute Fürst Marcantonio IV. Borghese mit einer Neugestaltung dieses Bereichs Antonio Asprucci, während die Gärten unmittelbar am Palast unverändert blieben. Asprucci schuf die sogenannte *Piazza di Siena*, eine Nachgestaltung des berühmten Stadtplatzes und vom Fürsten bestimmt für Rennen mit Berberpferden, jenen Rossen arabischer Herkunft, die während der Renaissance in Italien Eingang gefunden hatten. Zur Aufnahme einer antiken Statue des Äskulap entwarf Asprucci einen klassizisti-

Gegenüber oben
Am Rande der *Piazza di Siena*, der für den Fürsten Marcantonio Borghese angelegten Rennbahn, erhebt sich, umrahmt von hohen Schirmpinien, die *Palazzina dell'Orologio*.

Gegenüber unten
Einer der zahlreichen Brunnen, die längs der Alleen des Parks verstreut sind.

Oben
Dieses Fresko von der Decke eines der Säle im ersten Obergeschoß des Palastes preist als Allegorie der Künste das Mäzenatentum der Borghese.

schen Tempel, den er auf eine Insel inmitten eines extra dafür angelegten kleinen Sees setzte. Diese damals nur mit dem Boot zu erreichende Insel machte er zum optischen Bezugspunkt für zahlreiche darauf zulaufende Alleen, die diesen „Seegarten" genannten Bereich durchziehen.

Asprucci ist auch zuständig für eine Neugestaltung des Palastinneren im Zusammenhang mit einer Neuaufstellung der Sammlungen. Zwölf Jahre lang arbeitet ein Schwarm von Malern, Stukkateuren und Marmorkünstlern an einer Dekoration, die zwar noch vom verfeinerten Geschmack des Rokoko geprägt ist, aber doch schon den Klassizismus ahnen läßt. Der eindrucksvollste Raum ist dabei sicher der zur Nordfassade gelegene Saal im ersten Stock, wo die mit Stuckreliefs geschmückten und durch Alabasterpilaster mit Kapitellen aus vergoldetem Metall und Medaillons aus carrarischem Marmor gegliederten Wände ergänzt werden durch einen kostbaren vielfarbigen Bodenbelag und eine freskenbemalte Decke.

Die malerische Ausgestaltung der beiden Obergeschosse wird zu Zeiten des Fürsten Camillo Borghese beeinflußt durch den bekannten Architekten und Archäologen Luigi Canina aus Turin, der für die Abstimmung der Themen auf bedeutende Stücke der Sammlung sorgt. So werden durch Berninis berühmte Gruppe *Apollo und Daphne* die von Marchetti und Angeletti geschaffene Bilderfolge der *Legenden um Apollo* angeregt, und es entsteht ein eigener Ägyptischer Saal für Kunstwerke aus Ägypten, um welche die Sammlung bereichert wurde aufgrund von Napoleons Feldzug in den Nahen Osten. Camillo Borghese verdankt einen nicht geringen Teil seines Vermögens seiner Heirat mit Napoleons Schwester Pauline Bonaparte, die sicher auch Anlaß ist für seine Ernennung zum Statthalter von Ligurien und Piemont und zum Würdenträger des französischen Kaiserreichs. Besessen von der Idee, den Park um seine Villa noch zu vergrößern, tritt Fürst Borghese 1807 dem Kaiser sogar seine wertvolle Sammlung antiker Marmorarbeiten ab, wodurch die Palastfassade ihres dekorativen Schmucks beraubt wird.

Ein Jahrhundert später wird die Villa Staatsbesitz; aus dem Palast wird ein Museum, aus dem an die Stadt Rom verkauften Garten ein öffentlicher Park. Die Schönen des römischen Großbürgertums lassen sich hier in ihren Kutschen herumfahren, während ihre Ehemänner Gäste bei den Pferderennen sind. Der Park, für Rom das, was für Paris der Bois de Boulogne ist, wird hochoffziell nach König Umberto I. benannt, doch kümmert das die Römer wenig; für sie ist weiterhin der „Borghese-Park" beliebtes Ziel für sonntägliche Ausflüge.

Ganz oben
Die Kaisergalerie mit den großartigen Porträtbüsten römischer Kaiser auf Sockeln aus farbigem Marmor.

Oben
Die schattigen Alleen des Parks sind bis heute ein beliebtes sonntägliches Ausflugsziel für die Römer.

Links gegenüber
Für den Kardinal Borghese schuf Bernini diese mächtige Skulptur des die unglückliche Proserpina in seinen starken Armen entführenden Pluto.

Das Casino dell' Aurora Ludovisi

Kaum hat der Kardinal Alessandro Ludovisi 1621 den Stuhl Petri als Gregor XV. bestiegen, hat er nichts Eiligeres zu tun, als seinem Neffen Ludovico Ludovisi den Kardinalspurpur zu verschaffen. Und schon wenige Monate später kauft der neu Gekürte mit den sich ihm nun erschließenden Geldmitteln nacheinander die *Vignen* Capponi, Altieri und del Nero und gleich noch die Villa Orsini ein wenig außerhalb der Porta Pinciana im Norden Roms. Die fünf dort bereits bestehenden Gebäude werden beibehalten und bilden den größten Sommersitz, den das barocke Rom bis dahin kannte. Das bedeutendste davon, der sogenannte *Palazzo Grande*, ist der ehemalige Palast der Orsini und bildet den Kern der nunmehrigen Villa Ludovisi.

Das Bild der Gärten dieser Villa, allgemein dem Barockmaler Domenichino zugeschrieben, blieb uns wenigstens in einer Reihe von Stichen und Plänen des 17. Jahrhunderts erhalten. Vom Hauptportal an der Südseite der Umfassungsmauer gelangte man auf eine weite, von Platanen bestandene Esplanade, in deren Mitte sich die Tritonsfontäne erhob. Östlich des Portals wurde im ehemaligen *Casino* Capponi des Kardinals Sammlung antiker Marmorwerke untergebracht. Westlich von der Esplanade gelangte man in einen abgeschlossenen Garten mit Parterren nach italienischer Manier und einem Vogelhaus. Vom genannten Brunnen gingen zwei im rechten Winkel zueinander stehende riesige Alleen aus: die erste durchschnitt in gerader Linie ein Buchslabyrinth, in dem in einer Art von

L·CARDINALIS·LVDOVISIVS·CAMER
L·S·R·E·CARDINALIS·LVDOVISIVS·CAMER
L·CARDINALIS·LVDOVISIVS·CAMER·

Freiluftmuseum zahlreiche antike Statuen Aufstellung fanden, und führte dann über freies Land bis zur Aurelianischen Mauer; die zweite erklomm einen Hügel mit dem alten *Casino* Cecchino del Nero, das nun den Namen Casino dell'Aurora erhielt. Das außergewöhnliche Ensemble beeindruckte Stendhal auf einer Reise nach Rom so sehr, daß er darüber schrieb: „...nichts Einmaligeres als diese mit Bauten angefüllten Gärten, gegen welche die Tuilerien und Versailles nur ein schwacher Abklatsch sind."

Das Casino dell'Aurora, sowohl über einen südlichen wie einen nördlichen Zugang zu erreichen, wurde über kreuzförmigem Grundriß errichtet und mit einem Belvedereturm versehen, um das sich ringsum bietende Panorama bewundern zu können. Ursprünglich war der Bau von einem Ring antiker Statuen umgeben. Auf jeder Etage sind um einen Mittelsaal vier kleinere Räume in den Kreuzarmen angeordnet, von denen im Erdgeschoß einer als Vestibül dient. Dieses hat noch die Groteskendekoration des 16. Jahrhunderts bewahrt, die im Auftrag von Francesco del Nero geschaffen wurde, Apostolischer Sekretär des Papstes und vormaliger Besitzer der *Vigna*.

Die neue Innendekoration, die 1623 gleich energisch in Angriff genommen wurde, vertraute Kardinal Ludovisi zwei im Rom

Links gegenüber
An der Decke des Aurorasaales bringt die von Agostino Tassi gemalte kühne Scheinarchitektur die Fresken seines Kollegen Guercino erst so recht zur Geltung.

Links
Einige wenige, im Garten verbliebene Statuen legen noch Zeugnis ab von sehr viel glanzvollerer Zeit.

Vorhergehende Doppelseite
Die Rückseite des Casino dell'Aurora hat die Schlichtheit bewahrt, die typisch ist für die im 16. Jahrhundert errichteten Landhäuser.

Vorhergehende Doppelseite
In der Mitte der von Guercino bemalten Decke steigt der Wagen der ganz in Weiß und Rot gekleideten Aurora mit mächtigem Schwung in die Weite des Himmels.

Links
Inmitten vorgetäuschter Ruinen sitzt die über ihrem Buch eingeschlafene Allegorie der Nacht, zu ihren Füßen ihre schlafenden Kinder: Traum und Tod.

der Barockzeit hochgeschätzten Künstlern an, Agostino Tassi und Guercino. Die gewählten Themen sollten verstanden werden als allegorische Anspielung auf die Bedeutung der neuen, vielversprechenden Ära, die mit dem Pontifikat von Papst Gregor XV. begonnen hatte. Der *Aurora* im Erdgeschoß folgt im ersten Stock die Darstellung des *Ruhms*. Wie Pietro da Cortona im Deckengemälde des Palazzo Barberini, geht Guercino in der Thematik der Fresken vom Wappen der Familie aus: drei goldenen Strahlen auf rotem Grund. Die ihm zur Verfügung stehende nur geringe Fläche zwingt ihn allerdings, sein Programm über mehrere Ebenen in die Höhe zu entwickeln, wohingegen im Palazzo Barberini die Darstellung auf einer einzigen, weiten Ebene möglich war. Vom Erdgeschoß bis zu dem von einer Laterne wie an den Kuppeln der römischen Kirchen bekrönten Mittelturm erweist sich dieses *Casino* als wahrer, zum Ruhme der Ludovisi errichteter Tempel.

An der Decke des Ergeschoßsaales vermittelt die Scheinarchitektur Agostino Tassis den Eindruck einer vertikalen Verlängerung der Wände durch eine architektonische Inszenierung, die den Blick des Beschauers nach oben auf das Mittelbild zieht, wo die beiden Pferde, die vor den Wagen der Aurora gespannt sind, kühn in die Weite des Himmels stürmen. An den Längsseiten teilen sich die Wolken, um Blicke in die Landschaft freizugeben. An den Schmalseiten stellen zwei Lünetten die Stationen des Sonnenlaufs dar: Der Allegorie der *Nacht*, einer jungen Frau, die unter den Augen eines Uhus über ihrem Buch eingeschlafen ist, die beiden Kinder Traum und Tod zu ihren Füßen, steht die Allegorie des *Tages* gegenüber, ein triumphierender Engel, der eine Fackel schwingt. Die Hauptquelle der Inspiration war für Guercino eine kleine Abhandlung über Allegorien, die sich seit ihrem Erscheinen Ende des 16. Jahrhunderts bei den Künstlern des 17. und noch eines großen Teils des 18. Jahrhunderts enormer Wertschätzung erfreute: der *Iconografia* des Cesare Ripa.

Der Wagen der Aurora fährt in die Richtung einer Wendeltreppe, die zum ersten Stock hinaufführt und in einem Saal mit den gleichen Abmessungen mündet, dessen Decke von Tassi wiederum mit einer Scheinarchitektur versehen wurde und die hier gewaltige gewundene Doppelsäulen zeigt, ähnlich jenen, die Bernini für seinen Baldachin im Petersdom verwendet. Die auf das Gesims gemalte Balustrade begrenzt die Mittelszene, wo die geflügelte Allegorie des *Ruhms*, mit wehenden Gewändern und einen Olivenzweig in den Händen, siegessicher in ihre Trompete bläst, die auf einen Phönix gerichtet ist, den Vogel, der sich immer wieder aus der Asche erhebt. Ursprünglich durchzogen noch drei heute verschwundene Sonnenstrahlen den Himmel und griffen damit das Wappenmotiv der

Oben und gegenüber rechts
Zwei gefangene Daker bewachen den Eingang zum *Casino*.

Rechts
Von der Höhe seines Sockels aus scheint dieser Löwe das Besitztum der Ludovisi zu verteidigen.

Ludovisi auf. Zu Füßen des *Ruhms* sitzen weitere Allegorien: die *Ehre*, in gelbem Gewand und mit Lorbeer bekränzt, und die *Tugend* im roten Kleid.

Von der ganzen Villa Ludovisi ist lediglich das *Casino* auf uns gekommen. Nach erneuten Erweiterungen der Besitzung 1825 und 1851 durch Antonio Boncompagni Ludovisi wurde sie 1883 durch seine Erben zerstückelt. Ein großer Teil fiel bei dieser Gelegenheit an die Stadt Rom, die dringend neues Bauland benötigte. Man legte das monumentale Eingangtor nieder und ebnete das Gelände ein, womit auch der ehemalige Hügel als Standort des Casino dell'Aurora verschwand. Es entstand längs der Achse der Via Veneto ein ganz neues Quartier, welchem sowohl alle anderen Gebäude der Villa als auch ihre ausgedehnten Gärten zum Opfer fielen. Die jahrhundertealten Bäume, Zypressen und Platanen, wurden gefällt, und die antiken Kunstwerke wanderten in die Sammlungen des Museo Nazionale Romano. Einige gerettete Brunnen zieren heute die Gärten der nahegelegenen amerikanischen Botschaft, des ehemaligen Palazzo Margherita, den sich Rodolfo Boncompagni Ludovisi Ende des 19. Jahrhunderts erbauen ließ.

Die Villa Doria-Pamphili

Neben der Villa Borghese darf die Villa Doria-Pamphili als eine der eindrucksvollsten Barockvillen Roms betrachtet werden. Die sie umgebenden einhundertsiebzig Hektar mit Parks und Pinienhainen können wetteifern mit den schönsten Anlagen Latiums.

In den Stadtplänen Roms vom 17. Jahrhundert findet sich bereits das älteste Gebäude der Anlage, die *Villa Vecchia*, errichtet am Nordrand einer *Vigna* mit vierzig Hektar, die Pamphilio Pamphili 1630 erwarb. Dieses *Casino* scheint stets als Wohnhaus der Familie Pamphili gedient zu haben, während ein neuer, nach 1644 mehr im Osten des Geländes errichteter Palast Repräsentationsräume und Säle für die Sammlungen enthielt. Im Verlaufe von zwanzig Jahren gelang es dann Camillo, dem Sohn Pamphilio Pamphilis, dreiundzwanzig benachbarte Vignen zu erwerben. Diese Erweiterung des Geländes, eine Voraussetzung für den Bau des neuen Palastes, dürfte erheblich dadurch begünstigt worden sein, daß ein Onkel Camillo Pamphilis 1644 als Innozenz X. den Stuhl Petri bestieg.

Von einem der Eingangstore an der Via Aurelia kam man zunächst auf eine lange Allee, wo man das Maille-Spiel betreiben konnte, diesen im 17. Jahrhundert sehr beliebten Vorläufer unseres heutigen Krocket. Durch einen Garten im Schutze von Zypressenhecken,in dem Statuen und Büsten von zwölf Cäsaren aufgestellt waren, gelangte man dann zum majestätischen „Palast der Statuen", auch „di Belrespiro" genannt wegen des milden Klimas und der guten Luft, die man hier atmen konnte.

Oben
Auf diesem Gemälde des 18. Jahrhunderts von C. J. Vernet (heute im Puschkin-Museum in Moskau) wandeln galante Herren durch die von Zypressenhecken und Brunnen gesäumten Alleen und machen den Damen des römischen Adels den Hof.

Links gegenüber
Die majestätische Barockfassade der Villa Doria-Pamphili wirkt bewegt durch den vorgezogenen Mittelbau und das starke Relief der Pilaster und Säulen.

Vorhergehende Doppelseite
Die weite Esplanade vor dem „Palast der Statuen“ mit ihren Parterren auf italienische Art liegt bereits auf der zweiten Ebene des Parks.

Der Entwurf für den Palast wurde Alessandro Algardi anvertraut, dem Hofbildhauer Innozenz X., der bereits einen eher klassischen Stil vertrat, dem es um eine gewisse Einfachheit ging. Algardi wachte eifersüchtig persönlich über die Fassadendekoration mit Stuckfestons von außerordentlicher Eleganz und Feinheit der Details, während die Bauausführung selbst dem Landschaftsmaler Giovan Francesco Grimaldi aus Bologna oblag. Das abschüssige Gelände wurde in drei Terrassen gegliedert, abgestützt von hohen Mauern mit eingetieften Nischen und untereinander verbunden durch doppelläufige Treppenrampen. Auf der untersten Ebene lag im Norden der Privatgarten mit seinen Zypressen; auf der nächsten der Palast selbst und ein Parterre in italienischer Manier, angeordnet um einen Brunnen und auf beiden Seiten von einem Fischbecken flankiert; auf der dritten schließlich, eröffnet durch eine in die Treppe gehöhlte Venusgrotte, erstreckten sich weithin die Gärten, „Theatergärten“ genannt wegen der großen Exedra, wo vielfältige Aufführungen stattfanden. Diese abgestufte Einebnung des Geländes erweiterte die für Gärten zur Verfügung stehende Fläche und verlieh ihnen den Eindruck enormer Tiefe.

Oben
Im westlichen Teil des Parks liegt diese Lichtung mit dem Lilienbrunnen, einer der beiden Schöpfungen Berninis für die Pamphili.

Links gegenüber
Eines der zahlreichen, von römischen Sarkophagen stammenden Reliefs, die wie Edelsteine in die Palastfassade eingesetzt sind.

Links
Algardi wollte hier bewußt den Abfall des Geländes beibehalten, nutzt ihn hier für die Gestaltung zweier unterschiedlich hoher Fassaden und betont dabei zugleich das kühne Ansteigen der Terrassen.

Oben
An einer Wegbiegung im Wald taucht diese Nymphe aus dem Blätterdunkel auf.

Auch hier wieder wurde, wie an der Villa Medici und der Villa Borghese, die Fassade als kostbarer Schrein gestaltet, um die antiken Marmorwerke der Sammlung Pamphili ins rechte Licht zu rücken, die hier eingefügt wurden: Reliefs, Medaillons und Nischen werden hier eingesetzt, um Türen und Fenster zu betonen, die unterschiedlichen Ebenen hervorzuheben und die Fassade durch ein Netz vertikaler und horizontaler Linien zu gliedern.

Dem Gebäude liegt ein kompakter, von den Architekturentwürfen Palladios beeinflußter Grundriß zugrunde, bei dem mehrere Räume um einen runden Saal angeordnet sind, der über zwei Stockwerke reicht und sein Licht durch die Öffnung einer großen Kuppel erhält. Die Appartements waren ebenfalls mit Statuen bestückt, die Landschaftsbilder mit antiken Ruinen flankierten. Die von Grimaldi entworfene Ausmalung feierte durch die Darstellungen von Tugenden und den Mythen des Herkules das Mäzenatentum Camillo Pamphilis und seinen Sinn für die klassische Kunst.

Ihren heutigen Doppelnamen erhielt die Villa zu Beginn des 18. Jahrhunderts anläßlich einer Hochzeit zwischen einer Pamphili und einem Mitglied der Familie Doria. Die Motive der Parterre wurden gegen Ende des gleichen Jahrhunderts geringfügig verändert: zur Lilie der Pamphili trat nun der Adler der Doria. Die großen unteren Gärten mußten im 19. Jahrhundert nach der Verehelichung von Andrea V. Doria-Pamphili mit Mary Talbot einem Park nach englischer Art mit gewundenen Wegen weichen, wodurch die strengen Perspektiven des Ensembles zerstört wurden. Ein großer Teil des Parks wurde als Botanischer Garten angelegt, während weiter südlich ein „Damwildtal“ genannter, naturbelassener Bereich als Gehege für Hirsche und Rehe diente. Später hat dann der Staat den Palast erworben, und der Park ist nunmehr im Besitz der Stadt Rom.

Links gegenüber
Jenseits der von den traditionellen Tonkübeln gesäumten Parterre auf italienische Art markieren Palmen den Übergang zum Wald.

Unten
Am obersten Geschoß nehmen zwei geflügelte Siegesgöttinnen das von der päpstlichen Tiara bekrönte Wappen der Pamphili in ihre Mitte.

Vom Klassizismus zum kaiserlichen Zwischenspiel

Nach dem Prunk des Barock erlebt das 18. Jahrhundert den Beginn einer zurückhaltenderen und strengeren Kunstrichtung, des Klassizismus, der zurückkehrt zu Ausgewogenheit und Maß und an die Antike anknüpft. In den Gärten taucht nun das „Kaffeehaus" auf, dieser aus Wien stammende Pavillon, wo das römische Bürgertum Konzerten mit klassischer Musik lauscht. Exotische Bäume, wie Magnolien, Zedern, Sequoias und Palmen finden weite Verbreitung. Das Hereinströmen britischer Aristokraten, die sich nun unter die Angehörigen des römischen Adels mischen, verändert gelegentlich zutiefst das Aussehen der Parks um die Villen, die sich nun zunehmend mit weiten Rasenflächen und gewundenen Alleen füllen in absolutem Gegensatz zur bisher traditionellen Symmetrie der Gärten im italienischen Stil. Der aufkommende Geist der Romantik wird spürbar: auf der ständigen Suche nach der Vergangenheit erbaut man falsche Ruinen und übersät die Gärten mit Nachbauten antiker Tempel, so etwa dem dorischen *Tempietto* der Faustina in der Villa Borghese, dessen Giebel wie nur halb vollendet erscheint, oder römische Theater und Amphitheater wie in der Villa Torlonia.

Ganz zu Beginn des 19. Jahrhunderts führt die Anwesenheit von Pauline Bonaparte, der mit dem Fürsten Camillo Borghese vermählten Schwester Napoleons, in Rom zur Mode der Empiremöbel mit schweren Vergoldungen, der vom Feldzug in Ägypten herbeigeschleppten Obelisken und der neoägyptischen Fresken mit falschen Hieroglyphen auf düsterfarbigen Hintergründen.

Oben
Vor dem Hintergrund einer romantischen Landschaft posiert Pauline Bonaparte auf diesem Gemälde, das man in einem der Räume ihrer römischen Villa bewundern kann.

Links
Kurzgeschnittene Rasenflächen mit Magnolienbäumen und Palmen prägen heute die Gärten des Quirinalspalastes, unter Papst Gregor XVI. im 19. Jahrhundert unter englischem Einfluß umgestaltet.

Oben
Der elegante, vom Uhrturm überragte Innenhof im Quirinalspalast wurde angelegt durch die beiden bedeutenden Architekten des römischen Barock, Carlo Maderna und Domenico Fontana.

Gegenüber oben
Detail von der prunkvollen Kassettendecke in vergoldetem Stuck aus der Capella Paulina, auf Wunsch von Papst Paul V. zu Beginn des 17. Jahrhunderts errichtet.

Der Quirinalspalast

Drei Jahrhunderte lang bevorzugte Residenz der Päpste, ehe sie durch das Haus Savoyen daraus vertrieben wurden und nach Castelgandolfo umsiedelten, erfuhr der Quirinalspalast, heute Sitz des Präsidenten der Republik Italien, im Verlaufe der Jahrhunderte mancherlei Veränderungen und Ergänzungen, die jedoch keineswegs seinen Charakter veränderten, sondern sich im Gegenteil als Bereicherung erwiesen.

Sein Ursprung reicht zurück in das letzte Drittel des 15. Jahrhunderts, wo er zwar nur eine bescheidene *Vigna* war, aber gerne besucht von den bedeutendsten Mitgliedern des Heiligen Kollegiums. Die „Vigna di Napoli", so genannt wegen der neapolitanischen Herkunft seines Besitzers, des Kardinals Oliviero Carafa, erfreute sich bis weit in die zweite Hälfte des 16. Jahrhunderts großer Wertschätzung wegen der idealen Lage auf der Höhe des Quirinals, die einen großartigen Blick über die Stadt bot, aber auch dank der gesellschaftlichen Stellung des Kardinals (der auch einen Palast an der Piazza Navona besaß) als einflußreichem Doyen des Heiligen Kollegiums und bedeutendem Kunstmäzen. Zweifellos erwarb Kardinal Carafa einen Teil des Geländes, auf dem sich der heutige Quirinalspalast erhebt, schon bald nach der Erringung des Kardinalspurpurs 1467 und begann sogleich mit der Anlage eines kleinen Sommersitzes mit einem Garten und einem Weinberg. Die Pläne Roms aus dieser Zeit gestatten den Schluß, daß diese *Vigna* im Westteil des Geländes lag, auf dem sich der heutige Quirinalspalast erhebt.

Ein grundlegender Wandel findet jedoch von 1550 an nach einer Änderung des Pachtverhältnisses statt: Unter Kardinal Hippolyt

Links gegenüber und oben
Die Repräsentationsräume des Palastes, im 18. Jahrhundert unter großem Aufwand an Wandbehängen, Vergoldungen, Glaslüstern aus Murano und Spiegeln ausgestattet, kommen in ihrem großspurigen Luxus der Spiegelgalerie von Versailles gleich.

Links
Die Vorderfront des Quirinalspalastes beherrscht den Platz mit der berühmten antiken Dioskurengruppe.

Ganz oben
Detail eines Leuchters vor dem Hintergrund einer chinesischen Seidentapete.
Oben
An der Decke der Verkündigungskapelle: der Weltenschöpfer im Kranz musizierender Engel.
Links gegenüber
Die Enfilade der Appartements aus dem 18. Jahrhundert scheint sich durch die Spiegel ins Unendliche zu verlängern.

d'Este bekommt die bisherige bescheidene *Vigna* ein völlig anderes Gesicht. Hinter dem Landhaus erstrecken sich nun nach erheblicher Vergrößerung die Gärten den ganzen Hügel hinauf bis zum heutigen Standort der Fontana di Trevi. Ganz wie in den Gärten einer anderen Villa des Kardinals, jener in Tivoli, wird das Gelände in immergrüne Parterre eingeteilt, bei denen sich Spaliere von Lorbeer und Myrte abwechseln und die besetzt sind mit in Tonkübel gepflanzen Zitrusbäumen und mit antiken Statuen, angeordnet gemäß den Einfällen Pirro Ligorios. Pergolen und kleine hölzerne Pavillons, von Schlingpflanzen bewachsen, sind über den Garten verstreut. Stark duftende Kräuter und seltene Gewächse aus der Türkei und Kreta werden mit Liebe betreut und gezüchtet vom obersten Gärtner, dem gelehrten Botaniker Pater Evangelista Quattrini.

Im Jahre 1584 erklärt Gregor XIII. den Quirinalspalast zur päpstlichen Residenz. Drei Jahrhunderte lang werden hier nun die Päpste aufeinander folgen, meist für eine jeweils ziemlich lange Zeit, und vor allem die hier als besonders gesund geltende Luft schätzen – wenn auch von den neunundzwanzig Nachfolgern Petri, die hier wohnten, zweiundzwanzig auch hier starben! Für seine neue Bestimmung wurde unter Leitung des Architekten Ottaviano Mascherino der Palast erheblich vergrößert, und die Wasserversorgung der Gärten wurde verbessert und an die Quelle Acqua Felice angeschlossen, wodurch sich nun zahlreiche Wasserspiele und Springbrunnen speisen ließen. Gegen Ende des 16. Jahrhunderts gab Clemens VIII. den Auftrag zu einer erneuten Umgestaltung des Gartens und zum Bau einer großen Wasserorgel, die als einzige ihrer Art auf unsere Tage gekommen ist: Die Wasserkraft treibt ein Rad an, dessen Zähne wiederum den Anschlag bestimmter Tasten bewirken, um Opernmelodien erklingen zu lassen.

Eine grundlegende Umgestaltung erfährt der Palast unter Paul V. zu Beginn des folgenden Jahrhunderts, und zwar durch die beiden großen Barockarchitekten Carlo Maderna und Domenico Fontana, denen das heutige Erscheinungsbild zu verdanken ist: ein vierseitiger, um einen großen Innenhof angelegter Hauptbau mit einem Vorbau zum Garten hin, gegliedert durch einen großen Portikus und eine Loggia darüber und überragt von einem Belvedereturm. Der Palast birgt unter anderem prächtige Barockräume mit überreichem Dekor, so etwa den Königssaal und die Capella Paulina mit einem kleinen, verdeckten Betraum, in welchem der Papst, vor Blicken geschützt, am Gottesdienst teilnehmen konnte.

Papst Urban VIII. ist dagegen die Erweiterung der Gärten auf das heutige Ausmaß zu verdanken. Er ließ sie nach Osten bis zur Kirche San Carlo alle Quattro Fontane verlängern und mit einer hohen Mauer umziehen; sie gewannen nun annähernd dreieckigen

Grundriß. Benedikt XIV. veranlaßte die Liebe zu den Quirinalsgärten zum Bau eines *Kaffeehauses* an ihrer Westgrenze, eines im 18. Jahrhunderts sehr modischen Pavillons, wo er seine schönsten Tage verbrachte und auch Diplomaten und wichtige Rombesucher empfing. Gregor XVI. seinerseits führte zu Beginn des folgenden Jahrhunderts neue exotische Gewächse ein, so etwa Magnolien und brasilianische Nadelbäume, für die er hinten im Garten rund um ein Schweizerhaus einen eigenen romantischen Rundweg anlegen ließ. Ihm ist auch das letzte in Italien gestaltete Labyrinth zu verdanken, das sich in elliptischer Form mit großen Buchshecken um einen ägyptischen Obelisken legt. Im 19. Jahrhundert kam dann auch noch das große Fischbecken vor dem *Kaffeehaus* hinzu, vor dem später noch die Figurengruppe aufgestellt wurde, die einst in den Gärten der königlichen Villa von Caserta gestanden hatte; außerdem pflanzte man zahlreiche Palmen, die heute die „englischen“ Rasenflächen beherrschen, die zur gleichen Zeit angelegt wurden.

Rechts
Die heute der Benutzung durch den italienischen Staatspräsidenten vorbehaltene Verkündigungskapelle hat ihren Namen von dem lichterfüllten Altarbild aus dem 17. Jahrhundert, einem Werk Guido Renis.

Rechts gegenüber
Der „Königssaal“ genannte große Repräsentationssaal mit seiner prunkvollen Kassettendecke stammt aus der Zeit des Pontifikats Pauls V.

Die Villa Bonaparte

Die heutige Villa Bonaparte, deren jetziger Palast im 18. Jahrhundert entstand, ist als Villa Cicciaporci schon in Stadtplänen des 16. Jahrhunderts auf den Höhen des Pincio an der Nordgrenze des innerhalb der Mauern gelegenen Roms eingezeichnet. Ihr Bezirk in der Form eines Dreiecks erstreckt sich zwischen den alten Toren Porta Pia und Porta Salaria, und wie bei vielen Villen der Zeit lehnt er sich an die Aurelianische Mauer an; der zugehörige Palast erhebt sich in seiner Ostecke. Silvio Valenti Gonzaga, Staatssekretär von Papst Benedikt, der um die Mitte des 18. Jahrhunderts Besitzer wird, zieht ihm ein anderes Gebäude vor, das er weiter im Osten des Geländes im Zentrum des Dreiecks errichten läßt, womit es rings von Gärten umgeben ist. Ein glänzender Diplomat, ist Kardinal Valenti zugleich eine wichtige Figur im römischen Kunstleben dieser Epoche. Seine Villa beherbergt eine wertvolle Bibliothek sowie Sammlungen von physikalischen Instrumenten, Silbergerät, Porzellan und orientalischer Kunst. In seiner bedeutenden Bildergalerie findet sich auch ein Gemälde von Gian Paolo Pannini, der das römische Leben seiner Zeit porträtierte. Darauf sieht man eine Gruppe von Edelleuten, die den Entwurf eines Gebäudes begutachten, bei dem es sich nur um die Villa Valenti handeln kann. Denn man erkennt darauf ein Detail, das einzigartig in Rom ist und sich nur hier findet: den von einer Balustrade bekrönten Wassergraben zu ihren Seiten. Dieses Detail legt den Gedanken nahe, daß das Gebäude zur gleichen Zeit entstand wie das Gemälde, und das heißt gegen 1749. Pannini könnte übrigens auch für die Innendekoration zuständig gewesen sein.

Abgesehen von den Statuen und Vasen, die einst die Balustrade um das Gebäude zierten, zeigt sich die Villa äußerlich noch heute so, wie sie wohl schon im 18. Jahrhundert ausgesehen hat. Ihre kompakte Masse, fast würfelförmig, wird an der Fassade aufgelockert durch einen großen Portikus mit drei Durchgängen, den in der Beletage drei etwas aneinandergerückte hohe Fenster überragen. Der klassizistische Geist und die Schlichtheit der Architekturer lassen eher an die Renaissance denken als an das eigentlich für die Epoche typische Rokoko. Die ursprünglich mit chinesischen Papiertapeten ausgekleideten Innenräume wurden in neo-klassizistischem Stil umgestaltet. Das Interesse des Kardinals an der Physik veranlaßte im Vestibül einen besonderen akustischem Trick: In jeder Ecke kann man ganz deutlich auch das leisest gemurmelte Wort von der anderen Seite des Raumes hören.

Vor dem Portikus der Villa erstreckten sich Parterre auf französische Art, gesäumt von Zitrusbäumen in Tonkübeln und durchzogen von einer großen Allee bis zum Haupteingang. Jenseits der Parterre gelangte man durch Arkaden, die in eine hohe Buchshecke in Verlängerung der Gebäudefront geschnitten waren, in ein kleines Wäldchen und einen Gemüsegarten, beide auf höherem Niveau gelegen. Die Aurelianische Mauer entlang waren Spaliere für Orangen- und Zitronenbäume gezogen. Die Gewächse des Gartens erregten die Bewunderung aller Besucher, die hier zu ihrer Überraschung zum ersten Mal in Rom eine Ananas kosten konnten.

Nach dem Tode des Kardinals Valenti 1756 gelangte die Villa in den Besitz des Kardinals Prospero Colonna, Haushofmeister Benedikts XIV.; 1809 schließlich wurde sie erworben von Napoleons Schwester Pauline Bonaparte, die seit ihrer Verehelichung mit dem Fürsten Camillo Borghese in Rom lebte. Die Villa wurde nun nach ihrer bezaubernden Besitzerin Villa Paolina genannt. Der neuen Herrin sind die prunkvollen Interieurs zu verdanken mit ihren Empiremöbeln wie etwa Sesseln mit Armen in Form von Sphinxen und ihren neoklassischen Fresken mit Darstellungen antiker Ruinenlandschaften, bedeutender Frauen des alten Griechenlands (Sappho, Aspasia, Corinna) und der römischen Mythologie (Atalante und Hippomenes, Minerva und die Musen, Urteil des Paris). Zur Erinnerung an den Feldzug nach Ägypten ließ sie einen Raum im Erdgeschoß in „ägyptischem Stil" dekorieren: mit Hieroglyphen auf „empiregrünem" und karminrotem Grund. Eine gewendelte Treppe führt in den einfarbig ausgemalten runden Saal im Hauptgeschoß mit einer von der Kuppel des Pantheons inspirierten vorgetäuschten Kassettendecke und Wänden, die mit illusionistischen Nischen, bestückt mit antiken Büsten von Musen, bemalt sind.

Vorhergehende Doppelseite
Die Harmonie der Fassade der Villa Bonaparte erwächst aus der strengen Symmetrie der Fenster und der Portikusgestaltung mit Doppelsäulen.

Oben
An der Seitenfront kann durch zahlreiche Öffnungen das milde Morgenlicht einströmen.

Links gegenüber
Prächtige Orangenbäume zieren die Gartenparterre, abgeschlossen durch hohe Buchswände und -säulen.

Seite 196 oben
Die Decke der Galerie im ersten Obergeschoß ist als netzartiges Gitter gestaltet, das den Raum nach außen zu erweitern scheint.

Seite 196 unten
Das Vestibül im Erdgeschoß mit seiner alabasterweißen Stuckdecke stellt die Verbindung zu den anderen ebenerdigen Räumen und zu der in den ersten Stock führenden Treppe her.

Seite 197
Das „ägyptische Zimmer" in karminroten und „empiregrünen" Tönen entstand zur Erinnerung an den Ägyptenfeldzug Napoleon Bonapartes.

Das Leben in der Villa Paolina erhält seinen Glanz vor allem durch die festlichen Essenseinladungen, welche die Fürstin allwöchentlich veranstaltet und bei der sich Gäste aus den verschiedensten Ländern und Ständen zusammenfinden: Englische Adlige, deutsche und italienische Fürsten und amerikanische Kaufleute unterhalten sich ungezwungen in ihren Räumen.

Bei ihrem Tode 1825 vererbt Pauline das Anwesen an ihren Neffen Napoleon Louis und dessen Gattin Charlotte. Nach einer Reihe von Beeinträchtigungen, darunter der Einlegung der das Grundstück begrenzenden Aurelianischen Mauer durch die Truppen Garibaldis 1870 und die Verkleinerung der Parkfläche, wird die Villa 1907 von den Erben Napoleon Charles Bonapartes verkauft an den preußischen Gesandten Otto von Mühlberg, der sie restaurieren läßt. Seit 1951 ist die Villa Paolina Residenz des französischen Gesandten beim Vatikan und genießt sorgsame Pflege.

Oben
Dieses Detail von der Decke des „ägyptischen Zimmers“ zeigt die nachgeahmten Hieroglyphen.

Links gegenüber, oben
Zum Salon im ersten Stock mit den bewundernswerten Statuen in Grisaillemalerei gelangt man über die schöne Wendeltreppe.

Links gegenüber, unten
Die Gästezimmer im Erdgeschoß präsentieren sich im allgegenwärtigen napoleonischen Geschmack.

ANSTELLE EINES NACHWORTS

Hier sind wir nun am Ende unseres kurzen Spaziergangs durch die Welt der römischen Villen und Paläste. Diese Stätten voller Charme, von hohem Anspruch und erfüllt von der Großartigkeit einer vergangenen Zeit vermitteln uns das Bild einer Lebensart, die neidvolle Bewunderung erregt.

Die Paläste von Rom vorzustellen, heißt auch dieser außergewöhnlichen Stadt selbst seine Reverenz zu erweisen, die stets den Einfallsreichtum anzuregen wußte und gleichermaßen zu den verrücktesten wie den großartigsten Projekten inspirierte. Rom war und bleibt der bevorzugte Platz für Prachtentfaltung und grandiose Unternehmungen.

Es heißt aber auch, und dies vielleicht ganz besonders, in Verbindung mit diesen bedeutenden Architekturentwürfen herausragende Persönlichkeiten der Zeit zu porträtieren in ihrem Glanz und ihrem Ehrgeiz, ihren Träumen von Macht und Schönheit, ihrer Kühnheit und ihrer Überspanntheit – Menschen von heute nicht mehr vorstellbarem Zuschnitt, deren Inbrunst und Unerschrockenheit zweifellos ihre bedeutendsten Eigenschaften waren.

Und nicht zuletzt bedeutet es auch eine Einladung zum Besuch einer Stadt voller Zauber, die jedem unvergeßliche Eindrücke bescheren wird.

Von den Gärten der Villa Medici aus umfaßt der Blick die in das rötliche Licht des Sonnenuntergangs getauchte Stadt Rom.

PRAKTISCHE HINWEISE

NAME STANDORT	BESITZER BESUCHSMÖGLICHKEITEN	JAHRHUNDERT	SEITE
Rom innerhalb der Mauern			
Villa Farnesina Via della Lungara 10	Accademia Nazionale dei Lincei Öffentlich zugänglich	16.	14
Palazzo Madama Corso del Rinascimento	Italienischer Senat Teilweise öffentlich zugänglich	16.–19.	42
Farnesische Gärten Via dei Fori Imperiali 1	Stadt Rom Öffentlich zugänglich	16.	52
Palazzo Farnese Piazza Farnese 67	Französische Botschaft bei der Republik Italien Auf Anfrage	16./17.	64
Palazzo Ricci-Sacchetti Via Giulia 66	Marchese Giulio Sacchetti Auf Anfrage	16./17.	74
Villa Medici Viale Trinità dei Monti 1	Französische Akademie in Rom Teilweise öffentlich zugänglich	16.	132
Casino dell'Aurora Ludovisi Via Ludovisi	Fürst Niccolò Boncompagni Ludovisi Auf Anfrage	17.	162
Quirinalspalast Piazza del Quirinale	Sitz des Staatspräsidenten Teilweise öffentlich zugänglich	15.–19.	184
Villa Bonaparte Via Piave 23	Französische Botschaft am Vatikan Auf Anfrage	16./17./19.	192
Den Mauern nahe			
Villa Madama Via di Villa Madama	Staatsbesitz (Außenministerium) Auf Anfrage	16.	32
Villa Giulia Via delle Belle Arti	Museum für Etruskische Kunst Öffentlich zugänglich	16.	86
Villa Borghese Viale dell'Uccelliera	Stadt Rom Öffentlich zugänglich	17.–19.	154
Villa Doria-Pamphili Via di San Pancrazio	Staatsbesitz Öffentlich zugänglich	17.–19.	172
In der Umgebung Roms			
Heiliger Hain/Park der Monstren Bomarzo	Giovanni Bettini Öffentlich zugänglich	16.	96
Villa d'Este Tivoli	Staatsbesitz Öffentlich zugänglich	16.–17.	104
Palazzo Farnese Caprarola	Staatsbesitz Öffentlich zugänglich	16.	64
Villa Lante Bagnaia	Staatsbesitz Öffentlich zugänglich	16./17.	124
Villa Aldobrandini Frascati	Fürst Camillo Aldobrandini Auf Anfrage	17.	142

Villa Madama
Monte Mario
Villa Giulia
Villa Borghese
Villa Bonaparte
Porta Pia
Castel S. Angelo
Villa Medici
Casino dell' Aurora Ludovisi
Piazza di Spagna
Vaticano
Palazzo Madama
Piazza Navona
Pantheon
Palazzo del Quirinale
Palazzo Ricci-Sacchetti
Palazzo Farnese
Villa Farnesina
Villa Doria-Pamphili
Il Campidoglio
Stazione Termini
Colosseo
Orti Farnesiani
Porta S. Paolo
500 m

Bagnaia
Villa Lante
Bomarzo
Sacro Bosco
Viterbo
Caprarola
Palazzo Farnese
Tivoli
Villa d'Este
Roma
Frascati
Villa Aldobrandini
8 km

WEITERFÜHRENDE LITERATUR

J.S. Ackerman: *The Villa. Form and Ideology of Country Houses.* Princeton NJ, Princeton University Press, 1990

M. Azzi Visentini: *La Villa in Italia. Quattrocento e Cinquecento.* Mailand, Electa, 1995

I. Belli Barsali und G. Branchetti: *Ville della campagna romana.* Mailand, Rusconi, 1988

I. Belli Barsali: *Ville di Roma.* Mailand, Rusconi, 1983

E. Bonomelli: *I Papi in campagna.* Rom, 1953

D.R. Coffin: *Gardens and Gardening in Papal Rome.* Princeton NJ, Princeton University Press, 1991

D.R. Coffin: *The Villa in the Life of Renaissance Rome.* Princeton NJ, Princeton University Press, 1988

J. Delumeau: *Vie économique et sociale de Rome dans la seconde moitié du XVIe siècle.* Paris, 1957/1959, 2 Bände

H.-J. Fischer: *Rom. Zweieinhalb Jahrtausende Geschichte, Kunst und Kultur der Ewigen Stadt.* Köln, DuMont, 1996

P. Guerrini: *Villa e paese. Dimore nobili del Tusculo e di Marino.* Rom, De Luca, 1980

A. Henze/E. Nash/H. Sichtermann: *Rom und Latium. Kunstdenkmäler und Museen.* Stuttgart, Reclam, 1981 u.w.

S. Insolera: *Roma (Coll. Le città nella storia d'Italia).* Bari, 1980

G. Mader/L. Neubert-Mader: *Italienische Gärten.* Fribourg, Office du Livre, 1987

P. Pecchiai: *Roma nel Cinquecento.* Bologna, Licino Capelli, 1948

A. Potyka: *Rom und Umgebung.* München, Molden-Seewald, 1983

L. Salerno/L. Spezzaferro/M. Tafuri: *Via Giulia.* Rom, 1973

J.C. Shepherd/G.A. Jellicoe: *Italian Gardens in the Renaissance.* London, Academy Editions, 1986

G.L. Simonini: *Giardini italiani, t. 2, Dalla Toscana alla Sicilia.* Mailand, Idealibri, 1992

G. Tomasetti: *La campagna romana antica, medioevale e moderna.* Rom, 1910 – 1926, 4 Bände

G. Torselli: *Palazzi di Roma.* Mailand, 1965

G. Torselli: *Ville di Roma.* Mailand, 1968

C. Zaccagnini: *Le ville di Roma.* Rom, Newton Compton, 1991

Die akkurat geschnittenen Buchsornamente der Villa Lante in Bagnaia.

DANKSAGUNG

Ich habe in Rom gleichermaßen bei italienischen wie französischen Institutionen und auch bei privaten Besitzern für mein Anliegen überall offene Ohren gefunden. Von ganz wenigen Ausnahmen abgesehen, haben die meisten Verwaltungen und Privateigentümer mir die Türen der hier vorgestellten Paläste weit geöffnet, gelegentlich vom Keller bis zum Dachboden. Sie haben mit großem Entgegenkommen den Erfordernissen unserer Planung entsprochen und auch den zahlreichen Wünschen des Fotografen. Ihnen allen darf ich hier herzlich danken dafür, daß sie mir sowohl viel uneigennütziges Entgegenkommen zeigten als auch eine unendliche Geduld bewiesen.

Dafür darf ich mich namentlich bedanken für die Villa Bonaparte bei Seiner Exzellenz, dem Botschafter der Republik Frankreich beim Heiligen Stuhl, Herrn Jean-Louis Lucet sowie bei Monsignore Guy Terrancle; für den Palazzo Farnese bei Seiner Exzellenz, dem Botschafter der Republik Frankreich bei der Republik Italien, Herrn Jean-Bernard Mérimée, sowie Herrn Claude Bouheret und Frau Gensollen; für die Villa Madama bei Seiner Exzellenz, dem Herrn Botschafter Giulio di Lorenzo Badia sowie Frau Dr. Di Branco; für die Villa Doria-Pamphili bei Herrn Professor Riondino und Herrn Finazzi; für den Palazzo Madama bei Herrn Dr. Giovanni Diciommo und Herrn Dr. Benizione; für den Quirinalspalast bei Herrn Dr. Alberto Bruno und Herrn Dr. Riparbelli; für die Villa Borghese bei Frau Dr. Anna Lobianco; für die Villa Giulia bei Frau Dr. Fasini; für die Villa Farnesina bei Herrn Dr. Donzelli; für den „Heiligen Hain" von Bomarzo bei Herrn Dr. Giovanni Bettini; für den Palazzo Ricci-Sacchetti beim Marchese Don Giulio Sacchetti und bei Frau Dr. Loredana Pietrangeli; für die Villa Aldobrandini in Frascati beim Fürsten Don Camillo Aldobrandini und bei Frau Mattioli; für das Casino dell'Aurora Ludovisi beim Fürsten Don Niccolò Boncompagni-Ludovisi und bei Frau Tatiana.

Ohne das stets freundliche Entgegenkommen des Direktors der Französischen Akademie in Rom, Herrn Jean-Pierre Angrémy, und sein Interesse für meine Arbeit und ohne die tatkräftige Unterstützung durch die Mitarbeiter der Villa Medici, die für mich die Verbindungen zur römischen Gesellschaft anknüpften, hätte dieses Buch nie entstehen können. Für Michel Hochmann, Cristina Galamini, Evelyne Rollet, André Haize und Alessandra Gariazzo, deren Hilfe meine Tätgkeit sehr erleichtert hat, dürfte es klar sein, was das vorliegende Buch ihnen zu verdanken hat.

Gegenüber
Unterhalb der Decke des Alexander-und-Roxane-Saales der Villa Farnesina suchen geflügelte Amoretten nach einem Ziel für ihre Pfeile.

Vor allem gilt mein Dank aber meinem Mitstreiter und Komplizen in all diesen Tagen, der mich bei meinen Romaufenthalten durch seinen humorvollen Charme aufzuheitern wußte – meinem getreuen Mitarbeiter Raffaelo Bencini. Bedanken darf ich mich schließlich auch bei Marcello Bertoni, der uns bei den Streifzügen durch Rom und seine Umgebung so oft eine große Hilfe war.

Was den Mann meines Lebens betrifft, so weiß er selbst zur Genüge, daß ich ohne seine tägliche Unterstützung diese Arbeit nicht zu einem guten Ende hätte führen können.

Bildnachweis
Alle Aufnahmen dieses Bandes stammen von Raffaello Bencini, mit folgenden Ausnahmen:
Archiv Pierre Terrail, Paris: S. 10, 11, 62, 63;
Ashmolean Museum, Oxford: S. 24;
Agence Diaf, Paris: S. 153, 156, 157, 159, 160, 161 (Fotos Langeland), S. 132 (Foto Gaston);
Agence Giraudon, Paris: S. 133, 134, 152, 155, 157, 173;
Agence Hoa-Qui, Paris
(Foto Grandadam): S. 154.